Gerd Roellecke

Wird das Falsche falsch studiert?

Gerd Roellecke

Wird das Falsche falsch studiert?

Zum Hintersinn der Studienreform

Edition Interfrom · Zürich

CIP-Kurztitelaufnahme der Deutschen Bibliothek

Roellecke, Gerd:
Wird das Falsche falsch studiert?: Vom Hintersinn d. Studienreform / Gerd Roellecke. – Zürich: Edition Interfrom; Osnabrück: Fromm [in Komm.], 1979. (Texte + [und] Thesen; 118: Sachgebiet Kultur, Bildung)
ISBN 3-7201-5118-2

Vertrieb für die Bundesrepublik Deutschland:
VERLAG A. FROMM, Osnabrück
Einbandgestaltung: Waltraudt Ahrens
Gesamtherstellung:
DRUCKHAUS FROMM GmbH. & Co., Osnabrück

INHALT

Vor Studienreform wird gewarnt 7

Wie kurz und wie nützlich hat ein Studium zu sein? 14

- Mitbestimmung 14
- Studienorganisation 15
- Aufgaben der Hochschulen 15
- Qualität und Quantität 16
- Studieninhalte 17
- Mitwirkung der Lehrer 18
- Reform der Fachleute 20
- Rahmenbedingungen 21

Die Einheit von Forschung und Lehre 22

Hochschule und Beruf 30

- Bildungsphilosophie 33
- Theorie/Praxis 34
- Chancengleichheit 35
- Qualität der Nachfrage 36
- Fachverstand 37
- Anpassung 40
- Autorität 41
- Qualität des Angebots 43
- Auflösung der Fächer 45
- Auflösung der Anpassungsnormen 47
- Souveränität der Personen? 50
- Schlüsse und Konsequenzen 51

Regelstudienzeit und Studienreform
zwischen akademischer Freiheit
und gesellschaftlichen Erwartungen 53
Deutsche Studienreform 53
Kritik der Durchlauferhitzerpolitik 57
Regelstudienzeit als Studienreform 61
Akademische Freiheit 62
Die Veräußerlichung der Freiheit 65
Gesellschaftliche Relevanz 68
Gescheiterte Hilfsassistenten 71
Entwissenschaftlichung des Studiums 73

Wird das Falsche falsch studiert?

Vor Studienreform wird gewarnt

Vor allem für Studenten ist Studienreform Zeitvergeudung. Sie kann weder Studium noch Prüfung erleichtern. Die Anstrengung eines Studiums hängt von den Sach- und Fachfragen, der Erfolg einer Prüfung von der Konkurrenz ab. Beides kann eine Studienreform nicht beeinflussen. Das Demokratieproblem, die Krebsfrage oder die Relativitätstheorie kann sie offenkundig nicht vereinfachen. Wegen des Prüfungserfolges kann sie nur kurzfristig über die Kreditwürdigkeit von Zeugnissen täuschen. Aber darauf kann man sich nicht mehr verlassen. Einige besonders reformeifrige Hochschuleinrichtungen haben so viele ihrer Absolventen so hoch begabt, daß die anderen Universitäten neidisch geworden sind und das Gerücht ausgestreut haben, mancherorts könne man nicht mehr zwischen der Leistung und ihrer Bewertung unterscheiden, mit der Folge, daß einige weit überdurchschnittliche Notendurchschnitte nicht die Fähigkeiten der Geprüften, sondern die Unfähigkeit der Prüfer widerspiegelten. Mag daran auch nur wahr sein, daß es das Gerücht gibt, schon das genügt, das Vertrauen in die Zuverlässigkeit von Hochschulzeugnissen zu erschüttern. Unter diesen Umständen empfiehlt sich übrigens, eine Universität und eine Fakultät zu wählen, die für ihre schlechten Examensergebnisse bekannt sind. Man hat dann nicht nur bessere Ausreden für eigenes Versagen, sondern auch größere Chancen auf dem Arbeitsmarkt.

Nur Studenten, die eine parteipolitische Karriere anstreben, sollten sich mit Studienreform beschäftigen, vielleicht sogar in eine Studienreformkommission wählen lassen. Sie können dort lernen, völlig unbefangen und selbstsicher über die Quadratur des Kreises zu sprechen, sich in der Kunst üben, wissenschaftlich von Dingen zu

reden, von denen sie nichts verstehen, und die Lust auskosten, mit vielen Worten nichts zu bewegen.
Professoren, die sich ernsthaft mit Studienreform befassen, müssen um ihren wissenschaftlichen Ruf fürchten und sollten den Gedanken an eine Berufung aufgeben. Nicht, als ob Professoren nicht studieren müßten und als ob sie ihr Studium nicht verbessern könnten. Aber Studienreform hat weder mit Studium noch mit Lehre zu tun, sondern nur mit Unterricht, und zwar für genau jenen Typ von Schüler, den bereits Goethes Professor Faust durch den Teufel hat abfertigen lassen.
Selbstverständlich gibt es nicht nur verschiedene Arten von Studenten, sondern auch verschiedene Arten von Professoren. Für die sogenannten Medienprofessoren beispielsweise, die das Glück haben, ihre Ansichten über Rundfunk, Fernsehen und Tageszeitungen verbreiten zu können, ist die Studienreformdiskussion eine günstige Gelegenheit, ihren Bekanntheitsgrad zu erhöhen und ein Millionenpublikum zu fesseln. Die Hörer, die Lehre und Studium als Wahrheitssuche begreifen, dürften nicht so zahlreich sein wie die, welche Lehre und Studium als Vorbereitung auf ein berufliches Tätigkeitsfeld verstehen und deshalb von der Studienreform weniger Tätigkeit und mehr Beschaulichkeit erhoffen.
Damit ist schon angedeutet, daß die Studienreform auch für die Abnehmer von Hochschulabsolventen mehr Grund zu Mißtrauen als zu Hoffnung bietet. Die Wirtschaft weiß das ziemlich gut, seit sich die Frage des Nachwuchses für das mittlere Management dadurch kompliziert hat, daß die Ingenieurschulen, die diesen Nachwuchs gestellt haben, zu Fachhochschulen befördert wurden. Am deutlichsten lassen sich die Gefahren der Studienreform am Streit zwischen den Kultusministern und den Innenministern über das Laufbahnrecht erkennen. Nach geltendem Beamtenrecht hängen Eingangsamt, Anfangsbesoldung und Aufstiegsmöglich-

keiten eines Beamten von seiner Vorbildung ab. Wer ein wissenschaftliches Studium absolviert, kann darauf hoffen, in die Laufbahn des höheren Dienstes, also in die chancenreichste Laufbahn, übernommen zu werden. Nach Ansicht der meisten Kultusminister mindert diese Regelung die Chancen aller Studenten, die nicht ein volles wissenschaftliches Studium durchlaufen wollen (besser: sollen), und die Vermehrung dieser sogenannten Kurzstudiengänge ist der wichtigste, wenn nicht der einzige offiziell vertretbare Grund für die Bemühungen um die Studienreform. Die Innenminister als Herren des Beamtenrechts wehren sich jedoch mit Händen und Füßen dagegen, das Laufbahnprinzip aufzugeben. Nun ist die Reform des Beamtenrechts ein Problem für sich. Eines wird man aber sicher sagen können: Mit der Berufung auf die Notwendigkeiten der Studienreform Änderungen des Beamtenrechts zu fordern, stellt die Verhältnisse auf den Kopf. Gerade wenn man meint, ein wissenschaftliches Studium habe mit Wahrheit nichts zu tun und diene nur der Berufsbildung, muß man Ausbildung und Auslese an der gegebenen Berufsstruktur orientieren und kann nicht verlangen, daß sich die Berufsstruktur nach den Möglichkeiten richtet, die Ausbildung umzuorganisieren. Der Streit zwischen Kultusministern und Innenministern ist deshalb nur ein Zeichen dafür, daß die Studienreform einen ganz anderen Sinn hat als den, die Fachleute besser auf die Erfüllung ihrer Aufgaben in einer arbeitsteiligen Gesellschaft vorzubereiten. Erklärtes Ziel und Sinn der Studienreform fallen also auseinander, und schon das ist gefährlich.

Schließlich sind auch die Ministerialbeamten vor der Studienreform zu warnen. Weniger, weil bei der Studienreform nichts herauskommen kann, sondern weil etwas herauskommen wird, mit dem niemand glücklich ist. Nicht umsonst bezeichnet das Hochschulrahmengesetz die Studienreform als eine „ständige Aufgabe". Selbst der Gesetzgeber geht davon aus, daß jede Reform nach der nächsten verlangt. Vorzeigbare Erfolge wird man daher nicht erzielen können. Allenfalls werden Phasen hektischer Aktivität mit Phasen allseitiger Erschöpfung wechseln. Auf die Dauer hält das aber niemand aus, weder Personen noch Institutionen. Deshalb wird man die „ständige Aufgabe" eines Tages einfach aufgeben, und zwar in dem Zustand, in dem sie sich zufällig befindet. Dann werden die Beamten, die sich auf Studienreform spezialisiert haben, die einzigen sein, die noch davon reden wollen. Sie können es aber nicht mehr, weil sich niemand mehr dafür interessiert. Ihnen bleibt nur die Wahl, sich eine andere Aufgabe zu suchen oder sich in alte Akten zu vertiefen. Im ersten Fall werden sie wieder Anfänger, im zweiten Frührentner, die man möglichst schnell vergißt. Beides ist unangenehm.

Wenn sich aber kein mit der Lösung von Sachproblemen beschäftigter Mensch ernsthaft für Studienreform erwärmen kann, wer ist dann an Studienreform interessiert? Antwort: die Bildungspolitiker. Das zu erklären ist freilich nicht einfach.

Schon unsere bisherigen Überlegungen machen die empirische Beobachtung verständlich, daß in Sachen Studienreform in den Hochschulen kaum etwas, in den Landeskultusministerien wenig, auf Bundesebene jedoch einiges geschieht. Im Juli 1978 hat der Bundesminister für Bildung und Wissenschaft „22 Orientierungspunkte zur Hochschulausbildung" veröffentlicht, und im November 1978 hat der Wissenschaftsrat umfängliche „Empfehlungen zur Differenzierung des Studienangebotes" vorgelegt. Beide Publikationen nehmen ausschließlich zur Studienreform Stellung. Daß das nicht in den Titeln zum Ausdruck kommt, hat einen einfachen Grund: Nach dem Hochschulrahmengesetz ist die

Studienreform Sache der Hochschulen im Zusammenwirken mit staatlichen Stellen, das heißt Sache der gemischten Studienreformkommissionen. Soweit die Studienreformkommissionen nicht funktionieren, sind nach dem Grundgesetz die Länder im Rahmen ihrer Kulturhoheit zuständig. Daraus folgt: Der Bundesbildungsminister und der Wissenschaftsrat sind in Sachen Studienreform unzuständig. Mit ihren Stellungnahmen haben sie ihre Kompetenzen überschritten. Zwar wird man ihnen nicht verwehren können, sich zu allen Fragen zu äußern, die sie für wichtig halten. Von Rechts wegen durften sie aber nur Geld im Rahmen ihrer Kompetenzen ausgeben. Und billig waren die beiden Broschüren nicht. Der Bundesbildungsminister und der Wissenschaftsrat waren deshalb gut beraten, als sie das Wort „Studienreform" nicht in die Titel aufnahmen. Ihre Empfehlungen erlauben jedoch eine Feststellung: Die politische Aktivität in Sachen Studienreform verhält sich umgekehrt proportional zur Zuständigkeit und Betroffenheit. Je weniger betroffen und je unzuständiger eine Einrichtung, desto intensiver ihre Bemühungen um Studienreform.

Diese merkwürdige Erscheinung könnte man als „politische Verantwortung" verstehen. Sie bedeutet aber das Gegenteil. Der Wissenschaftsrat hat deutlich genug erklärt, warum er meint, zur Studienreform Stellung nehmen zu müssen:

> „Die Zahl der Hochschulabsolventen, die in den Arbeitsmarkt drängen, und mit ihnen die Konkurrenz um herausgehobene Positionen steigt und wird weiter steigen. Herkömmliche Erwartungen von Hochschulabsolventen hinsichtlich des beruflichen Status und der Einkommenshöhe müssen in Konsequenz dieser Entwicklung revidiert werden; Funktionen auf einer mittleren Ebene werden künftig auch zum Beschäftigungsbereich von

> Hochschulabsolventen gehören. Außerdem werden sie auch solche Tätigkeiten übernehmen müssen, die dem Ausbildungsfach vergleichsweise fernstehen."

Mit anderen Worten: Das wesentliche Ergebnis der Bildungspolitik etwa seit 1960 ist der große Frust, die tiefe Enttäuschung der Begünstigten, in denen die Bildungspolitiker hohe Erwartungen geweckt haben, von denen sie jetzt feststellen, sie seien nicht zu erfüllen. Natürlich erwähnt der Wissenschaftsrat mit keinem Wort, daß vornehmlich er es war, dem die Hochschulabsolventen ihre Enttäuschungen zu verdanken haben, daß die fehlerhafte Bildungspolitik vor allem durch seine Empfehlungen gefördert wurde. Jetzt verhält er sich wie ein Brandstifter, der die Feuerwehr alarmiert. Er richtet sogar selbst den Schlauch, natürlich in die falsche Ecke. Studienreform, meint er, könne die schwelende Wut löschen. Studienreform kann aber weder den beruflichen Status noch die Einkommenshöhe der Hochschulabsolventen beeinflussen. Das eine hängt von der gesellschaftlichen Arbeitsteilung, das andere von der Konkurrenz ab. Sie kann noch nicht einmal die herkömmlichen Erwartungen der Absolventen herabsetzen. Im Gegenteil. Denn das Hochschulrahmengesetz verspricht den Studenten, mit der Studienreform werde alles, alles besser, einschließlich der Berufschancen. Oder wie anders sollte ein unverbildeter Kopf den § 8 Absatz 1 des Gesetzes verstehen, der da lautet: Studienreform ist „die ständige Aufgabe . . ., Inhalte und Formen des Studiums im Hinblick auf die Entwicklungen in Wissenschaft und Kunst, die Bedürfnisse der beruflichen Praxis und die notwendigen Veränderungen in der Berufswelt zu überprüfen und weiterzuentwickeln"?

Bedenkt man die Verantwortung des Bundesbildungsministers und des Wissenschaftsrates für die verfahrene bildungspolitische Situation, so kann ihr Schrei nach Studienreform nur den Sinn haben, sich aus ihrer Verantwortung zu stehlen. Bisher ging es vornehmlich um den Ausbau der Hochschulen. Damit hat es nun ein Ende. Kein Ende hat die mit der „Bildungsexpansion" heraufbeschworene Bildungsmisere. Dafür gilt es jetzt Schuldige zu finden. Mit dem Schrei nach Studienreform werden sie gefunden: in den Ländern und in den Hochschulen. Denn Bundesbildungsminister und Wissenschaftsrat können schreiben, was sie wollen, verwirklichen müssen die Studienreform Länder und Hochschulen. Das ist offenkundig. Wird nun die Misere nicht behoben, so steht jetzt schon fest, wer dafür die Verantwortung trägt: die Länder und die Hochschulen, weil sie die Studien nicht oder nicht genug reformiert haben. Und das kann man immer behaupten, solange die Misere dauert, weil die Studienreform eine „ständige Aufgabe" ist. Die Länder Baden-Württemberg, Bayern und Schleswig-Holstein waren daher klug, als sie sich offen weigerten, die vom Wissenschaftsrat vorgeschlagenen kürzeren Studiengänge einzuführen.

Was nun? Empfehlungen auszusprechen ist Sache des Wissenschaftsrates. Dafür ist der Verfasser nicht zuständig. Er kann nur seine Meinung sagen: Wäre er verantwortlicher Bildungspolitiker, so würde er keinen Gedanken mehr auf Studienreform verschwenden, sondern darauf hinwirken, daß die Selbststeuerungsfähigkeit des Bildungssystems wie seiner Subsysteme wiederhergestellt würde, insbesondere würde er um Zustimmung zu folgenden Maßnahmen werben:

1. Die Mittel für die Hochschulen werden zwecks Rationalisierung um dreißig Prozent gekürzt.
2. Die Hochschulen werden so ungleich gefördert und ausgestattet, daß offenkundig wird, welche Hochschulen gut und welche weniger gut sind.
3. Bei Übergängen (Grundschule/Gymnasium –

Schule/Hochschule – Hochschule/Berufspraxis) entscheidet allein die aufnehmende Institution nach dem Prinzip, daß die vorhandenen Plätze oder Stellen auf die besten Bewerber verteilt werden.

4. Der Wissenschaftsrat wird abgeschafft.

Wie kurz und wie nützlich hat ein Studium zu sein?

Die Klage, Studenten lernten das Falsche falsch, ist so alt wie die Universität. Das Gerede um Studienreform allein ist deshalb kein Grund, über Studienreform zu reden. Aber das Gerede beginnt ins Geld zu laufen. Hier ein kleines „Experiment", dort ein kleines „Experiment", dort noch ein kleines „Experiment", und auf die Frage nach dem Erfolg die Antwort: „Studienreform kostet eben Geld." Alles Gute hat seinen Preis, soll das wohl heißen. Die Frage ist nur: Wie gut ist die Studienreform? Ihre Beantwortung setzt voraus, daß man weiß, was Studienreform eigentlich ist.

Unter Studienreform kann man dreierlei verstehen:

- die Änderung der Verfahren, in denen neue Studien- und Prüfungsordnungen gewonnen werden;
- die Änderung der Organisation des Studiums;
- die Änderung der Studieninhalte, dessen, was die Studenten in der Sache lernen.

Mitbestimmung

Das Verfahren, in dem neue Studien- und Prüfungsordnungen gewonnen werden, beschränkte sich bis vor einigen Jahren darauf, das Zusammenwirken möglichst hoch reputierter Fachleute unter der politischen Verantwortung des Staates zu regeln. Inzwischen hat man die „Betroffenen" entdeckt: die Studenten als die zu Prü-

fenden, die Berufsorganisationen als die Organisationen der Geprüften, die Fachverbände als die Abnehmer der Prüfungsprodukte, die Gewerkschaften kraft ihrer Allzuständigkeit – und sie zur Mitbestimmung eingeladen. Sie sollen in Studienreformkommissionen den Studenten breite berufliche Entwicklungsmöglichkeiten eröffnen und dafür sorgen, daß die Studenten befähigt werden, wissenschaftlich zu arbeiten.
Freilich muß es in diesem Zusammenhang vor nicht allzu langer Zeit Mißverständnisse gegeben haben. Denn nach Mitbestimmung wird heute nicht mehr gefragt, wenn den Hochschulen eine Studienreform abverlangt wird. Zur Diskussion steht, wie kurz und wie nützlich ein Studium zu sein hat.

Studienorganisation

Wie kurz und wie nützlich ein Studium zu sein hat, ist vorab ein Problem der Studienorganisation. Die Studienorganisation ist ein Problem der Knappheit, die Knappheit ein Verteilungsproblem, und verteilen kann man nach dem Gießkannenprinzip oder nach dem Leistungsprinzip. Welches Prinzip man wählt, hängt vom Verständnis der wissenschaftlichen Hochschule ab.

Aufgaben der Hochschulen

Versteht man die wissenschaftliche Hochschule als „ZVS", als Zentralstelle für die Vergabe von *Sozialchancen,* so muß man das Gießkannenprinzip wählen und darauf achten, daß die Stellen, Titel, Zertifikate und Bescheinigungen, welche die Hochschule zu vergeben hat, möglichst gleichmäßig und möglichst breit gestreut werden. Unter diesem Aspekt muß Ziel der Studienreform ein möglichst breiter und möglichst schneller Studentendurchsatz sein. Also: möglichst große Unterrichtsgruppen, möglichst knappe Regelstudienzeiten und möglichst einheitliche Studiengänge. Da es auf Inhalte nicht ankommt, kommt es auch nicht auf die Vorbildung der Studienanfänger an. Im Prinzip kann und muß man jeden Bürger zum Studium zulassen. Wesentlich ist allein, daß die Sozialchancen gewahrt werden und die akademischen Bescheinigungen glaubwürdig bleiben. Im Extremfall kann man die Sozialchancen auch ohne Studium vergeben. Dann wird eine Studienreform überflüssig, weil das Studium überflüssig wird.

Versteht man die wissenschaftliche Hochschule dagegen als Einrichtung, in der funktional bestimmtes Fachwissen verbessert und vermittelt werden soll, so muß man das Leistungsprinzip wählen und darauf achten, daß die akademischen Stellen, Titel, Zertifikate und Bescheinigungen nur an die vergeben werden, welche die angezielten Funktionen am besten ausfüllen. Da Funktionen nicht ihrer selbst, sondern des Gemeinwohls wegen ausgeübt werden müssen, dürfen die Aufwendungen des Gemeinwesens für die Ausbildung der Funktionäre nicht höher sein als der Nutzen der Funktionen. Unter funktionalem Aspekt muß deshalb Ziel der Studienreform sein, mit möglichst geringen Kosten möglichst sachgerecht ausgebildete Hochschulabsolventen zu produzieren. Quantitäten bleiben sekundär. Entscheidend ist die Qualität.

Qualität und Quantität

Über Qualitäten zu sprechen ist schwer. Ohne Qualitäts-, das heißt ohne funktionale Ansprüche ist aber Studienreform nicht denkbar. Erst Qualitätsansprüche öffnen die Augen für die Bedingungen und Möglichkeiten des Studierens. Beispielsweise dafür, daß der Erfolg akademischen Unterrichtes einerseits von

den Vorkenntnissen und dem Leistungswillen der Studenten und andererseits vom Niveau und vom Leistungswillen der akademischen Lehrer abhängt. Ich weiß, daß man heute nicht so abstrakt von Erfolg oder Leistung sprechen darf. Ich meine denn auch konkret, daß ein Studium um so kürzer sein könnte, je besser die Studenten auf das Studium vorbereitet wären und je fleißiger sie jede Unterrichtsstunde auswerteten, daß die Lehre um so intensiver sein könnte, je größer der Überblick, je tiefer das Fachwissen und je geübter die Vortragskunst der Professoren wäre. In diesem Sinne schlägt Qualität in Quantitäten um.
Freilich wissen wir zugleich, daß Quantitäten Qualitäten erschlagen können. Werden die Quantitäten so groß, daß die Kommunikation abreißt, so kann man von Qualitäten nicht mehr reden, weil ein Studium nicht mehr möglich ist. Wo sich quantitätsfördernde Qualität und qualitätsmindernde Quantität kreuzen, vermag heute niemand zu sagen. Wenn es aber auch eine unvermittelte, gesetzlich fixierbare Korrelation zwischen Quantität und Qualität nicht gibt, so ist doch die Möglichkeit zu bedenken, daß die Quantität der Auszubildenden die Qualität der Ausbildung mindert.

Studieninhalte

Wie kurz und wie nützlich ein wissenschaftliches Studium zu sein hat, ist nicht nur ein Problem der Studienorganisation, es ist auch eines der Studieninhalte. Inhaltlich soll zur Studienreform gehören, daß die Studiengänge periodisch daraufhin überprüft werden, ob die Studienziele und -inhalte mit den Entwicklungen in Wissenschaft und Berufspraxis in Einklang stehen. Die Zuständigkeit für diese Überprüfung hat der Gesetzgeber den Studienreformkommissionen zugeschrieben, obwohl schon 1968 ein deutscher Staatsrechtslehrer wörtlich erklärt hatte: „Die Lehrfreiheit schützt den wissenschaftlichen Lehrer bei der freien Wahl von Gegenstand, Form, Methode, Inhalt, Zeit und Ort der Lehre grundsätzlich von jeder Fremdbestimmung."

Ich habe nicht die Absicht, die Studienreformer über die Garantie der Wissenschaftsfreiheit (Art. 5 Abs. 3 GG) stolpern zu lassen. Aber hinter der ausgefallenen Diskussion über das Verhältnis zwischen Studienreform und Wissenschaftsfreiheit steht mehr als eine Eigentümlichkeit des deutschen Verfassungsrechtes. Dahinter stehen die beiden Grundprobleme einer inhaltlichen Studienreform: der Autismus des Wissenschaftlers auf der einen und die Unabhängigkeit des Fachmannes auf der anderen Seite.

Mitwirkung der Lehrer

Der Autismus des Wissenschaftlers scheint den Bildungspolitikern noch nicht als Problem bewußt geworden zu sein. Bisher hat man sich damit begnügt, die Herrschaft der Professoren durch Kritik, Kontrolle und Mitbestimmung abzubauen. Ob das für die Hochschulverwaltung die richtigen Maßnahmen waren, wird sich erst in einigen Jahren zeigen. Mehrhundertjährige Einrichtungen wie Universitäten haben so viel historisches Gewicht, daß sie sich auch dann noch bewegen, wenn der eigene Antrieb längst erlahmt ist. Für die Studienreform scheint sich die Mitbestimmungsstrategie aber nicht bewährt zu haben.

Für eine Studienreform braucht man in der Tat weniger die Mitbestimmung der Studenten als die Mitwirkung der akademischen Lehrer. Und die ist nicht so selbstverständlich, wie vielfach angenommen wird. In Humboldts Plänen für die höheren wissenschaftlichen Anstalten in Berlin liest man zwar: Der akademische

Lehrer „würde, wenn sie (die Studenten) sich nicht von selbst um ihn versammelten, sie aufsuchen, um seinem Ziele näher zu kommen durch die Verbindung der geübten, aber eben darum auch leichter einseitigen und schon weniger lebhaften Kraft mit der schwächeren und noch parteilosen nach allen Richtungen mutig hinstrebenden".

Man liest aber nicht, daß im 19. Jahrhundert die Lehrer ihre geübte Kraft schon deshalb mit der schwächeren der Studenten verbinden mußten, weil ein großer Teil des Professoreneinkommens aus Kolleggeldern bestand. Und weil man das nicht liest, nehmen offenbar viele an, es gäbe einen inneren Zwang, ein süchtiges Verlangen der Professoren, Studenten zu unterrichten. Diese Annahme scheint nicht richtig zu sein. Auch Professoren können sich verweigern und haben es schon getan. Wie man die Mitwirkung der wissenschaftlichen Lehrer bei der Studienreform erreicht, ist eine noch offene Frage.

Die Antwort kann sicher nicht in rüde sanktionierten Inpflichtnahmen der Lehrer liegen. Studentenstreiks und Lehrerpflicht – das machen auch Professoren auf die Dauer nicht mit. Die Antwort kann auch nicht darin liegen, daß man Studienreform als Pastoraltheologie betreibt und den akademischen Lehrern Sozialisationsaufgaben zuweist, die sie in die Rolle von Kirchenvätern des wissenschaftlichen Managements drängen. Wenn man glaubt, Studienreform müsse zum Ziel haben – ich zitiere aus einem Rahmenkonzept der Kommission für Studienreform der Schweizerischen Hochschulkonferenz – „Entwicklung und Stärkung verantwortungsbewußten Entscheidens und Handelns – Vorbereitung auf Verantwortlichkeiten im staatlichen Leben", dann möge man Vorlesungen als Meditationskurse zur Vertiefung des Glaubenslebens von Mönchen veranstalten lassen.

Reform der Fachleute

Das zweite Problem der inhaltlichen Studienreform steckt im Spezialistentum, Spezialistentum nicht als Spielform des Autismus, sondern als Konsequenz der Arbeitsteilung, als Unüberholbarkeit des Fachverstandes. Die Souveränität der Fachleute zwingt zu der Frage, ob eine exogen gesteuerte, inhaltliche Studienreform überhaupt möglich ist.

Der Bundesminister für Bildung und Wissenschaft und die Westdeutsche Rektorenkonferenz haben das vor einigen Jahren fest geglaubt – dieser Glaube hat sich auch im Hochschulrahmengesetz niedergeschlagen –, als sie behaupteten, die Studienziele und Studieninhalte könnten hinter den Stand der Wissenschaft und den Erfordernissen der Gesellschaft zurückfallen. Sie haben damit entweder unterstellt, der Stand der Wissenschaft und die Erfordernisse der Gesellschaft würden von anderen Leuten definiert als von akademischen Lehrern, oder aber, die akademischen Lehrer würden zwar den Stand der Wissenschaft und die Erfordernisse der Gesellschaft definieren, diese Definitionen aber ihren Studenten vorenthalten. Denn nur wenn eine dieser beiden Unterstellungen zutrifft, ist es denkbar, daß die Wissenschaft oder die Gesellschaft das wissenschaftliche Studium überholen kann. Nach dem wissenschaftlichen Anspruch, mit dem die Hochschulen und die akademischen Lehrer auftreten, sind indessen beide Unterstellungen nicht erlaubt. Die wissenschaftlichen Lehrer in den Hochschulen formulieren nicht nur den Stand der Wissenschaft, dem Anspruch nach sind sie auch den gesellschaftlichen Erfordernissen immer ein Stück voraus.

Es könnte freilich sein, daß sich Anspruch und Wirklichkeit nicht oder nicht mehr decken. Dann wäre zunächst die Instanz zu nennen und zu diskutieren, welche den Stand der Wissenschaft und die Erfordernisse der Gesellschaft verbindlich definieren, welche die Hochschulen mit Rahmenrichtlinien, Arbeitsanweisungen oder Handreichungen für den akademischen Unterricht beglücken könnte.

Rahmenbedingungen

Freilich gibt es für jedes Studium Rahmenbedingungen, die auch der versierteste Fachmann nur mit außergewöhnlich plausiblen Gründen für unerheblich erklären kann. Beispielsweise hat man sich darauf geeinigt, daß ein Student nicht mehr als 24 Semesterwochenstunden „hören" (– die alten Worte werden falsch –) und ein forschender Universitätsprofessor nicht weniger als acht Semesterwochenstunden lehren sollte. Aus diesen beiden Daten wird man eines Tages messerscharf schließen, daß für einen Studiengang eigentlich nur drei Universitätsprofessoren erforderlich sind, daß man mit 24 Professoren den Stoff eines achtsemestrigen Studiums (= 192 Semesterwochenstunden) in jedem Semester vollständig anbieten kann und daß man nur 12 Professoren braucht, wenn man diesen Stoff in einem Jahr anbieten will.
Nach diesem Schluß wird man über Zuschläge verhandeln für: Reformexperimente, Krankheiten, Alternativangebote, Fachspezifika und sonstige Ausfälle. Ob Wissenschaft und Studium dadurch qualitativ gefördert werden, ist eine Frage für die Studienreform von übermorgen.

Die Einheit von Forschung und Lehre

Wie alle gesunden Grundsätze hat auch das Prinzip der Einheit von Forschung und Lehre nie völlig unangefochten gegolten. Es gab immer Stimmen, die der Universität die Lehrkompetenz bestritten und behaupteten, die Studenten lernten in zu langer Zeit nicht genug und zudem das Falsche. Es gab auch immer Stimmen, die der Universität die Forschungskompetenz bestritten und behaupteten, die Unbestimmtheit der Universitätsorganisation, die unterschiedliche Qualifikation der Universitätsangehörigen – Studenten, Assistenten und Professoren – und die umfänglichen Lehr- und Prüfungsverpflichtungen setzten der Forschung in der Universität deutliche Grenzen.

Bis vor etwa fünfzehn Jahren hatten es die Verteidiger des Prinzips freilich nicht allzu schwer. Sie hatten nicht nur die Tradition, die öffentliche Meinung und die Politiker, sondern auch den Erfolg auf ihrer Seite: Vor 1933 hatte die deutsche Universitätswissenschaft Weltgeltung. So wie heute deutsche Wissenschaftler in die USA ziehen, so studierten und arbeiteten bis 1933 Wissenschaftler aus aller Welt in deutschen Universitäten.

Seit dem Zweiten Weltkrieg hat das Prinzip jedoch an Überzeugungskraft eingebüßt.

Die Wissenschaftler sagen, die Universitäten seien viel zu groß geworden. Der akademische Massenbetrieb schließe es aus, jeden Studenten an der Forschung zu beteiligen. Die meisten Studenten seien auch nur an Ausbildung, nicht an Wissenschaft interessiert. Zum anderen verbiete moderne Forschung ihre unmittelbare Umsetzung in Lehre. Der Satz Max Webers: „Eine wirklich endgültige und tüchtige Leistung ist heute stets: eine spezialistische Leistung", gelte heute noch mehr als vor siebzig Jahren. Hochspezialisierte Einsichten seien zudem der Berufsausbildung der Studenten, die möglichst breit ausgelegt sein sollte, eher abträglich. Die Politiker haben dieses Geraune zu einer Institution verdichtet: zur Gesamthochschule, und sie behaupten jetzt, in der Gesamthochschule lasse sich das Prinzip der Einheit von Forschung und Lehre nicht durchführen. Nun – vor Tische las man, die spezifische Leistungskraft der einzelnen Institutionen solle in der Gesamthochschule erhalten bleiben, nur müsse für die Studenten der Übergang erleichtert, die Durchlässigkeit verbessert werden. Aber darauf kommt es in der Tat nicht mehr an. Was Durchlässigkeit einmal bedeutete, wird man ohnehin nicht mehr verstehen, wenn das Diplom – wie zu erwarten – die Aussagekraft von Kennkarten erreicht hat.

Viele kritische Idealisten – ebenso denkmüde wie handlungsfreudige Humboldt-Epigonen – haben das Prinzip der Einheit von Forschung und Lehre gleichsam von hinten aufgerollt, indem sie den Forschungsbegriff diskreditiert haben. Sie haben Studieren „forschendes Lernen" getauft und damit den Erkenntnisfortschritt, auf den Forschung zielt, ins Subjektive gewendet, im Privaten festgemacht – aufgehoben. Das Schlimme ist: Man kann dieser Perversion noch nicht einmal widersprechen. Zwar gibt es Unterschiede: Der Student muß das Neue, das er erfährt, lernen, der Forscher kann das Neue, das er erfährt, wieder vergessen. Aber es gibt keine Definition von Forschung, die nicht darauf hinausliefe, dem Forscher ein: „Hier stehe ich. Ich kann nicht anders", zuzubilligen. Ein echter Forscher wird sich sogar dagegen verwahren, für sein Fach das Forschen mit irgendwelchen Prüfungsleistungen zu verknüpfen. In Max Webers „Wissenschaft als Beruf" kann man einiges über die Bedeutung von Dilettanten für den wissenschaftlichen Fortschritt lesen. Gegen „forschendes Lernen" ist man deshalb so wehrlos wie gegen Pornographie.

Freilich kommt es auch darauf nicht mehr an. Die institutionellen Stützen für die Einheit von Forschung und Lehre sind ohnehin verfault. Die sogenannte Studentenbewegung hat es im Verein mit den Kultusministerien geschafft, einer fünfhundertjährigen Einrichtung den Geist auszutreiben. Moderne Wissenschaftsorganisation muß deshalb ohne das Netz einer akademischen Tradition auskommen. Aus diesem Grunde lebt die Wissenschaft heute gefährlich, aber sie lebt.

Eine ratlose Öffentlichkeit schließlich beäugt mißtrauisch die akademische Organisation. Forschung wird als gehobene Freizeitbeschäftigung betrachtet, mit der viele Hochschullehrer ihr Prestigebedürfnis befriedigen. Auf der anderen Seite hält man die Professoren für pädagogische und didaktische Nieten, denen mit einer Hochschuldidaktik auf die Sprünge geholfen werden müsse. Leider gibt es Indizien, die dieses Mißtrauen zu bestätigen scheinen. Fragt man beispielsweise, welche Kontrollen und Rechtfertigungszwänge es für die Forscher in den Universitäten gibt, so muß man antworten: keine. Und wenn ein Professor etwas Hämisches über seine Kollegen sagen will, dann erklärt er, sehr viele von ihnen seien gute Lehrer.

Die Krediteinbuße, die das Prinzip der Einheit von Forschung und Lehre hat hinnehmen müssen, hat sich auch auf seinen Vermögensstand ausgewirkt. Die Verluste auf seiten der Lehre sind: Relativierung fachlicher durch didaktische Ansprüche, niedrigeres durchschnittliches Wissens- und Argumentationsniveau der Studienanfänger, Legitimation des Brotstudenten und Unterscheidung zwischen niederer und höherer Lehre. Die Verluste auf seiten der Forschung sind: hochgradige Spezialisierung der Forscher in jungen Jahren, zunehmende Schwierigkeiten, populärwissenschaftlich zu sprechen, Aussiedlung der Kernforschung, der

Verteidigungsforschung einschließlich der Friedensforschung und der angewandten Forschung aus der Universität. Daß es für die Umsiedlung ganzer Forschungsrichtungen jeweils gute Gründe gibt, ist kein Trost, sondern vergrößert den Schmerz: Wenn dem Grundanspruch einer Institution so viele gute Gründe begegnen, dann stimmt etwas mit dem Anspruch nicht.

Nun wäre gegen diese Politik der Trennung von Forschung und Lehre nichts einzuwenden, wenn sie wenigstens in ihrem eigenen Verständnis erfolgreich wäre, das heißt, mehr und bessere Forschungsleistungen erbracht hätte. Das ist jedoch anscheinend nicht der Fall. Jedenfalls mehren sich die Stimmen, die an der deutschen Wissenschaft den Glanz vermissen. Zweihundert Milliarden Mark habe die Bundesrepublik seit 1949 für Forschung und Entwicklung ausgegeben. In dieser Zeit seien nur zwölf Nobelpreise für Medizin und Naturwissenschaft nach Deutschland gekommen, während Deutschland bis 1945 die Liste der Nobelpreise mit weitem Abstand vor England angeführt habe.

Freilich belegt dieser Hinweis zunächst nur, daß zwischen Investitionen und Auszeichnungen kein unmittelbarer Zusammenhang besteht. Vermutlich kann man nur mit Geld wissenschaftliche Leistungen kaum bewirken. Die Öldollars dürften die Chancen der arabischen Länder, mehr Nobelpreise zu erhalten als bisher, nur unmerklich erhöht haben. Allerdings – all das kann man nur vermuten, nicht berechnen. Der Fortschritt läßt sich nicht ins Gesicht schauen. Man weiß deshalb nie, wohin er geht oder wohin er bei einer anderen Politik gegangen wäre. Außerdem kann man das Nachlassen des Nobelpreissegens für Deutschland mit zu vielen und zu naheliegenden Gründen verständlich machen. Das Dritte Reich und der Zweite Weltkrieg haben sicher auch das Urteil der Weltöffentlichkeit über die deutsche Wissenschaft beeinflußt. Und im Schatten politischer und moralischer Diskreditierung hat es jede Wissenschaft schwer.

Aber kommt es auf den Inhalt jener Meinung an? Zwingt uns nicht schon ihre verständige Äußerung dazu, über Wissenschaftsorganisation nachzudenken? Allerdings sollten wir nicht darüber reflektieren, wie wir den Fortschritt mit Utopien überholen könnten. Worüber man nachdenken kann und muß, ist: Wie war der vergangene Fortschritt möglich? Unter welchen Bedingungen hat er stattgefunden? Haben sich die Bedingungen geändert?

Ein Präsident der Deutschen Forschungsgemeinschaft, Professor Heinz Maier-Leibnitz, ein hochangesehener Physiker, hat die wesentliche Bedingung in folgende Geschichte eingefangen:

„Ein Student im fünften Semester meldet sich für einen Vortrag im Seminar. Das Thema heißt: ‚Experimentelle Methoden der Astrophysik.' Sechs Wochen hat er Zeit. Die Chefs des Seminars sind ein Nobelpreisträger, ein künftiger Nobelpreisträger und ein führender Astronom. Jeder von ihnen hält auf der Straße an, wenn er den Studenten trifft, fragt ihn nach seinen Fortschritten. Nach den sechs Wochen hat der Student nicht nur viel Neues gelernt. Bei einem Disput während des Vortrages behält er in einer Kleinigkeit gegenüber dem großen Theoretiker recht: Er hat gelernt, daß man etwas so gut wissen kann, daß niemand es besser weiß; das ist der Beginn der Selbständigkeit.

Das war 1931 in der großen Zeit der Naturwissenschaft in Göttingen. Heute wäre so etwas unmöglich . . . Dabei muß etwas Wichtiges gesagt werden: Es liegt nicht an der Überfüllung der Hochschulen und der Überbürdung mit Lehraufgaben. Göttingen war damals in Mathematik und Physik überfüllt. Heute mögen es mehr Studenten sein, aber auch mehr Hochschullehrer. Das Seminar, von dem ich spreche, fand im gleichen Raum statt wie heute, und damals war er voll. Max Born hielt die Spezialvorlesung über theoretische Atomphysik vor mehr als 300 Hörern und warnte eindringlich vor der Aussichtslosigkeit der Beschäftigung vieler mit einem so speziellen Fach."

Diese Geschichte räumt zunächst mit dem verbreiteten Mißverständnis auf, als sei die Einheit von Forschung und Lehre vornehmlich ein quantitatives Problem oder als sei sie nur für die ganz Klugen geeignet. Die dreihundert Hörer Max Borns waren nicht alle Genies. Vermutlich waren sie nicht intelligenter als die heutigen Studenten, nur besser auf das Studium vorbereitet.

Die Geschichte Maier-Leibnitz' scheint allerdings ein Fehlverständnis zu bestätigen, das die Unterscheidung zwischen Lehrern und Forschern verschärft, die Ansicht, Lehre müsse nicht nur verständlich, sondern auch anziehend sein, die Darbietung des Lehrers müsse den Studenten erfreuen, Betriebswirtschafslehre müsse als geistige petits fours serviert werden. Das ist nichts anderes als eine Umkehrung des Spezialismus-Arguments: pädagogische Schaumschlägerei. Natürlich soll akademische Lehre Interesse wecken, Sachfragen erschließen. Aber sie soll nicht Lernwillen erzeugen, nicht das Lernen lehren, wie Hartmut von Hentig behauptet. Akademische Lehre muß den Lernwillen und die Lernfähigkeit voraussetzen. Wer nicht die Geduld hat, einem glanzlosen Vortrag ruhig zuzuhören, und nicht den Willen, aus dem Vortrag zu lernen – und sei es, wie man es nicht machen soll –, der gehört nicht auf die Universität. Es ist nicht die Aufgabe des Professors, schlafende Studenten zu wecken oder zeitunglesende Hörer zu stören. Wer nicht zuhört, hat Pech gehabt, sonst nichts.

Auch das Anfängerproblem ist viel komplexer, als sich

Didaktiker überhaupt vorstellen können. Es hängt an der Sache, und die wird mit der Unterscheidung zwischen niederer und höherer, einfacher und schwerer Lehre verschleiert. Meine Fakultät – ich vermerke das nicht ohne Stolz – hat die Anfängervorlesungen den Höchstqualifizierten vorbehalten. Die Rechtswissenschaft läßt sich nicht in einfache und schwere Wissenschaft teilen, wie es die Unterscheidung zwischen niederer und höherer Lehre voraussetzt. Freilich bezweifle ich auch, ob die anderen Wissenschaften einschließlich der Naturwissenschaften so unterscheiden dürfen. Wer das behauptet, müßte auch zugeben, daß eine bestimmte Studienzeitbegrenzung fachwissenschaftlich argumentiert werden könnte. Das sagt aber niemand. Ich fürchte deshalb, der Unterscheidung zwischen niederer und höherer Lehre liegt etwas ganz Schlimmes zugrunde: die Dogmatisierung eines bestimmten Wissensstoffes. Und Dogmen sind die Metastasen der Forschung.

Aber selbst wenn es mit der Unterscheidung nicht um Dogmen, sondern um Spezialisierungsgrade ginge, deutete sie auf ein weiteres Fehlverständnis der Einheit von Forschung und Lehre, auf die Ansicht, das Prinzip verlange, daß der Forscher dem Studenten nur und nichts anderes als seine hochspezialisierten Ergebnisse vortrage. Die Professoren hören diese Botschaft natürlich gern und glauben sie sofort, weil sie ihnen jede Vorbereitung auf die Vorlesung erspart und ihnen einen Wissensvorsprung sichert, der die Studenten nur entmutigen kann. Aber genau das ist nicht gemeint, und so ist das Prinzip in der großen Zeit in Göttingen auch nicht praktiziert worden. Gemeint war immer: Die Forschungsergebnisse sollen in die Lehre einfließen, und zwar an dem Ort, der ihnen im System des Faches zukommt. Sie sollen jedoch nicht das System in den Hintergrund drängen oder verdunkeln. Das System des

Faches war immer mehr als die Bühne für Forschungsergebnisse. Es war und ist der Boden, auf dem wissenschaftliche Einsichten wachsen können. Und wie sich kein Bauer mit dem Säen begnügen kann, sondern auch den Acker bearbeiten muß, wenn er ernten will, so kann und darf sich kein Forscher mit seinen Spezialkenntnissen begnügen. Wenn er wissenschaftlich fruchtbar bleiben will, muß er das weite Feld seines Faches wieder und wieder beackern, es mit Nährstoffen versehen und geistige Nahrung aus ihm holen. Die beste, billigste und nützlichste Bearbeitungsmethode bleibt aber die Lehre. Die akademische Lehre kann genau das leisten, was lebendige und produktive Forschung dringend benötigt:

- ständige Vergewisserung der breiten Basis des Faches,
- dauerndes Training darin, spezielle Erkenntnisse in ein fachwissenschaftliches System und in die ursprüngliche Sprache umzusetzen,
- unablässige Disziplinierung des Denkens, der Argumentation und der Phantasie.

Die Politiker behaupten allerdings, es sei gar nicht notwendig, die Einheit von Forschung und Lehre als generelles Organisationsprinzip beizubehalten. Notwendig sei, fünfundzwanzig von hundert Jugendlichen eine gute Berufsausbildung zu vermitteln. Aus diesen fünfundzwanzig könnten dann die wenigen, die für den Wissenschaftsbetrieb im engeren Sinne erforderlich seien, ausgelesen und in einem Postgraduiertenstudium weiter ausgebildet werden („quartärer Bereich"). Eine solche Organisation wäre jedoch eine echte Verschlimmbesserung. Einmal müssen in einem direkt berufsorientierten Studienbetrieb denknotwendig Leistungsmaßstäbe entstehen, die von den Maßstäben der Wissenschaft abweichen. Daraus folgt: In einem berufsorientierten Studium werden nicht mehr die richtigen ausgelesen. Zum anderen altert jeder Mensch.

Nach allen bisherigen Erfahrungen ist das Alter von achtzehn bis dreiundzwanzig Jahren das Alter, in dem komplexe Sachverhalte am leichtesten aufgenommen und gespeichert, ambivalente Verhaltensweisen am ehesten eingeübt werden. Eine Verschiebung der Altersgrenze für den Eintritt in die Welt wissenschaftlicher Ansprüche wird deshalb nach menschlichem Ermessen zu einem Nachlassen der wissenschaftlichen Leistungsfähigkeit führen.

Aber wenn man von der Notwendigkeit des wissenschaftlichen Fortschritts überzeugt ist und wenn man die Leistungsfähigkeit unserer Wissenschaft aufrechterhalten will, dann hat man keine Wahl, dann muß man die wissenschaftlichen Hochschulen im Sinne der Einheit von Forschung und Lehre organisieren. Denn die wissenschaftliche Leistungsfähigkeit eines Gemeinwesens hängt von drei Voraussetzungen ab: von der Sachbesessenheit der Individuen, von ihrer Kraft und Übung, ihre Einsichten systematisch einzuordnen, und von der Schnelligkeit und Zuverlässigkeit, mit der die neuesten wissenschaftlichen Ergebnisse weitergegeben, intellektuell verarbeitet und verständig angewandt werden. Das Organisationsprinzip, mit dem diese Voraussetzungen am billigsten und sichersten hergestellt werden, ist das Prinzip der Einheit von Forschung und Lehre.

Hochschule und Beruf

Die Zeiten sind lange vorbei, da ein verantwortlicher Bildungspolitiker – Wilhelm von Humboldt – seinem Regierungschef schrieb: Der Staat muß von seinen Universitäten „nichts fordern, was sich unmittelbar und geradezu auf ihn bezieht, sondern die innere Überzeugung hegen, daß wenn sie ihren Endzweck erreichen, sie auch seine Zwecke, und zwar von einem viel höheren

Gesichtspunkt aus, erfüllen". In diesem Satz bestand die preußische Hochschulreform, nicht in der Inszenierung eines kläglichen Mitbestimmungstheaters und anderen organisatorischen Mätzchen. Juristisch-organisatorisch unterschied sich die Humboldtsche Universität von den älteren Universitäten so deutlich wie ein Ei vom anderen. Aber jener Satz war der Gegen-Satz zu II 11 § 1 des Allgemeinen Landrechts für die peußischen Staaten von 1794: „Schulen und Universitäten sind Veranstaltungen des Staats, welche den Unterricht der Jugend in nützlichen Kenntnissen und Wissenschaften zur Absicht haben." Er befreite die Universitäten von der Verpflichtung auf platte Nützlichkeit und zu dem Höhenflug, den sie im 19. und beginnenden 20. Jahrhundert genommen haben.

Heute arbeitet eine progressive Bildungspolitik wieder mit dem Grundsatz des „Allgemeinen Landrechts". Denn heute geht das Hochschulrahmengesetz „davon aus, daß der Student nicht Wissenschaft erfahren und dadurch auch auf den Beruf vorbereitet werden soll, sondern daß er auf ein berufliches Tätigkeitsfeld vorbereitet werden soll und ihm dafür die erforderlichen fachlichen Kenntnisse, Fähigkeiten und Methoden so vermittelt werden sollen, daß er zur wissenschaftlichen Arbeit befähigt wird", wie uns ein hoher Beamter des Bundesbildungsministeriums mitteilt.

Diese Umfunktionierung der Universitäten in Berufsschulen bietet neben dem historischen Vergleich viele bedenkenswerte Perspektiven: Langfristig wird sie Regelungsbefugnisse und Einflußmöglichkeiten im Hochschulbereich nicht unerheblich verschieben. Denn für die Kultur sind die Länder zuständig, die Berufsausbildung aber ist Herzenssache des Bundeswissenschaftsministers. Mittelfristig wird sie die Leistungsfähigkeit der deutschen Wissenschaft mit Sicherheit mindern. Und kurzfristig zeigt sie, daß die Hochschulen beim

Bund nicht besser, sondern schlechter aufgehoben sind als bei den Ländern.

Freilich folgt die Reform der Berufsbildung erkennbar demselben olympischen Wahlspruch wie die Reform der Hochschulen: *citius altius fortius*, und voraussichtlich mit dem gleichen Ergebnis: der Übergang ins Profilager wird nicht leichter, sondern schwerer. Alle wissen, daß das mit der Zahl der Medaillen zusammenhängt. Die Reformer meinen jedoch, die Zahl der Medaillen sei zu gering, und wollen jetzt Silber für die Berufsbildung vergeben. Andere fürchten, demnächst könne schon das akademische Gold nicht mehr eingelöst werden.

Für die Furcht vor einer Inflation der gewinnträchtigeren Ausbildungsbescheinigungen gibt es in der Tat Gründe. Einer ist ein durch keinerlei Fehlschläge zu erschütternder Machbarkeitsglaube, der von so schlichten Formeln lebt wie: Je berufsnäher die Ausbildung, desto näher der Beruf. Ein anderer ist die tiefe, auf konsequenter Parteilichkeit für alle Unterprivilegierten beruhende Überzeugung der meisten Bildungspolitiker, man könne Milch und Futter gleichzeitig und immer neu umverteilen, ohne daß die Staatskuh vom Fleische fiele. Das arme Tier schaut aber bereits trübe aus den Augen. Deshalb wird es Zeit, über die sogenannte stärkere Berufsorientierung des Studiums nachzudenken.

Freilich genügt es nicht, die „Vorbereitung auf ein berufliches Tätigkeitsfeld" mit progressiv-idealistischen Versatzstücken zu einer gefälligen Bildungsgarnitur aufzumöbeln. Man muß fragen: Für wen bedeutet Berufsorientierung was?

○ Für den Studenten bedeutet sie, daß der Ernst des Lebens nun noch längere und tiefere Schatten in das Studium wirft und daß Studienfragen immer mehr zu Lebensfragen werden.

○ Für den Universitätslehrer bedeutet sie einerseits die Möglichkeit, immer mehr über das Leben der Studenten zu verfügen, und andererseits eine Entfernung von der bohrenden Wahrheitsfrage.

○ Für den Bildungspolitiker bedeutet sie einerseits die politische Legitimation, die Studien zu reglementieren, und andererseits das nagende Gefühl, die Studien nicht reglementieren zu können, weil der Staat – wie schon Humboldt mit Recht bemerkt hat – wissenschaftliche Tätigkeit nicht eigentlich bewirken kann.

○ Für die Wirtschaft schließlich, aber auch für jeden Klienten, jeden Patienten und jeden anderen Abnehmer von Akademikerleistungen bedeutet die Berufsorientierung des Studiums ironischerweise die Frage danach, ob den Akademikerleistungen noch zu trauen ist. Wenn es in der Begründung zum Entwurf eines Hochschulrahmengesetzes heißt: „Auch der bisherige Zuschnitt von Inhalten und Formen des Studiums ist dieser Forderung (nach Befähigung zu wissenschaftlich-kritischem Denken) zumeist nicht gerecht geworden", dann muß man als wissenschaftlich-kritischer Denker natürlich fragen: Zu wem gehen wir eigentlich, wenn wir einen Arzt konsultieren, einen Anwalt befragen oder einen Lehrer aufsuchen? Was ist los mit dem, der sich bei uns um eine Syndikus- oder Chemikerstelle bewirbt?

Von diesen vier Standpunkten scheint mir der zur Nachfrage nach Akademikerleistungen der wichtigste zu sein. Ihn werde ich daher einnehmen, zumal er mich in die angenehme Lage versetzt, die Interessen der Unterprivilegierten mitvertreten zu können, die Interessen der wißbegierigen Kinder, der kranken Rentner, der hereingelegten Konsumenten.

Bildungsphilosophie

Vorweg muß ich mich allerdings mit zwei Vorstellungen befassen, die den klaren Blick auf Fakten und Notwendigkeiten trüben, die sich aber so tief in unserem Denken festgesetzt haben, daß wir ihre Wirksamkeit kaum mehr bemerken.

Theorie/Praxis

Die erste Vorstellung orientiert sich an dem Satz: „Grau, teurer Freund, ist alle Theorie . . ." Dazu nicken wir beifällig und spüren, wie der Stolz auf unsere praktische Erfahrung in uns schwillt. Wir sollten uns aber beruhigen und die Schüler-Szene in Faust I, aus welcher der Satz stammt, noch einmal nachlesen. Dann werden wir feststellen, daß mit diesem Satz nicht Faust resigniert, sondern Mephisto genau jenen Schüler verhöhnt, der für das Hochschulrahmengesetz Modell gestanden haben könnte – genau jenen blauäugigen, rotwangigen Bildungsbeflissenen, der nur dressierbar, nicht belehrbar ist. Goethes Schüler sucht zwar den berühmten Professor Faust zwecks Studienberatung auf. Aber sein Wunsch, „recht gelehrt zu werden", ist nichts als aufgesetzte Bildungshuberei. Denn sein Kopf geht nicht nach der Wissenschaft, sondern nach ganz anderen Dingen.

Mephisto hat Faust den lästigen Besucher abgenommen und geht mit dem Schüler die einzelnen Fächer durch. Der Schüler möchte zwar an der Weisheit Halse hangen, kann sich aber zu keiner Fakultät bequemen. Mephisto wird schließlich des trockenen Tons satt und schildert die Medizin als eine Art wissenschaftlich legitimierten Schäferspiels, als eine köstliche Gelegenheit, Pülslein zu drücken und zu prüfen, wie fest die schlanke Hüfte wohl geschnüret sei. Da wird der Schüler wach. „Das", meint er, „sieht schon besser aus. Man sieht doch wo und wie." Und Mephisto bestätigt ihn ironisch: „Grau, teurer Freund, ist alle Theorie."

Gewiß, gewiß, aber deshalb ist Theorie auch so schwer, und deshalb versucht der Schüler ihr zu entfliehen. Das heißt, wir wollen das hohe Roß des alten Praktikers absatteln und anerkennen, daß eine gute Theorie in der Praxis recht hilfreich sein kann.

Chancengleichheit

Die zweite Vorstellung, von der wir uns lösen müssen, sitzt viel tiefer als die Bequemlichkeit des Mißtrauens in die Theorie. Sie sitzt in dem verborgenen Zentrum, wo noch die alten Märchenwahrheiten regieren, etwa die vom „Doktor Allwissend" und vom „Geist im Glas". „Doktor Allwissend" ist ein dummdreister Bauer, der dadurch reich und berühmt wird, daß es ihm gelingt, gestohlenes Geld wieder herbeizuschaffen: wegen ihres schlechten Gewissens entdecken sich ihm die Diebe von selbst. Im Märchen „Der Geist im Glas" dagegen muß ein wirklicher Studiosus, Sohn eines armen Holzhackers, wirkliche Gefahren bestehen, wirklich Standhaftigkeit, Mut und Einfallsreichtum beweisen, ehe es heißen kann: „Mit dem übrigen Geld aber zog er wieder auf die hohe Schule, und weil er mit seinem Pflaster alle Wunden heilen konnte, ward er der berühmteste Doktor auf der ganzen Welt."

Das Märchen heilt die Bildungswelt also dadurch, daß es dem Tölpel das Glück in den Schoß schüttet, vom Klugen jedoch wirkliche Bewährung verlangt. Ich lasse offen, ob und inwieweit diese Art von volksnaher Gerechtigkeit unsere Bildungspolitik bestimmt. Worauf ich aufmerksam machen möchte, ist: Jeder von uns hat die atavistische Neigung, den lieben Gott zu spielen und Sozialpunkte für Dummheit zu vergeben. Diese Neigung muß man bekämpfen. Denn heutzutage verlangen auch die Unterprivilegierten vom Doktor mehr als Dreistigkeit und Pflästerchen. Außerdem gibt es strenge Paragraphen für die Fälle, in denen irgend etwas schiefgeht. Deshalb sollte man sorgfältig prüfen, was jemand wirklich kann, ehe man sich ihm anvertraut.

Qualität der Nachfrage

Damit genug der Bildungsphilosophie. Machen wir uns ganz illusionslos an die Frage: Was kann ein Unternehmen erwarten, das für den Leiter seiner kleinen Rechtsabteilung einen Gehilfen sucht? Nehmen wir an, die Rechtsabteilung bestehe aus dem etwa fünfzigjährigen Leiter, einer unendlich tüchtigen Dame von fünfundfünfzig Jahren, die dem Betrieb seit vierzig Jahren angehört und Bürovorsteherin, Chefsekretärin und Teeköchin in einer Person ist, einer auffällig hübschen, aber etwas flatterhaften Siebzehnjährigen sowie dem gesuchten Rechtsgehilfen. Die Stelle sei mit zweieinhalbtausend Mark dotiert, für einen Anfänger also durchaus attraktiv.
Was verlangt wird, ist klar: Ein angenehmer junger Mann mit einem umfassenden Fachwissen – wegen der differenzierten Aufgaben; geduldig – wegen der Routine; ehrgeizig – wegen der Weiterbildung; verlobt – wegen der Siebzehnjährigen; von nie versagender Ritterlichkeit – wegen der Fünfundfünfzigjährigen; höflich – wegen des Abteilungsleiters; kritisch – wegen der Gläubiger; energisch – wegen des Betriebsrates und wegen der Kunden unauffällig.
Daß ein Hochschulabsolvent diese Eigenschaften und Fähigkeiten haben sollte, darüber sind sich der Präsidialarbeitskreis für Forschungspolitik des Bundesverbandes der Deutschen Industrie, Jürgen Habermas und das Hochschulrahmengesetz so einig, wie sie sich über die Legitimation dieses Zieles und die Maßnahmen, es zu erreichen, uneinig sind. Der Bundesverband der Deutschen Industrie verlangt Leistung, Jürgen Habermas Aufklärung und das Hochschulrahmengesetz

mehr Demokratie. Wir brauchen nicht zu entscheiden, welcher dieser Forderungen wir den Vorzug geben. Die Dreiheit von Leistung, Aufklärung und Demokratie berechtigt uns aber, die zahlreichen Ansprüche, die wir an unseren Hochschulabsolventen stellen, auf die drei zu reduzieren, die schon seit dem Altertum geläufig sind: positives Wissen, Sozialisation und Entscheidungskraft. Wir können auch sagen: Kenntnisse, Sitte und Autorität. Oder noch einfacher: Der Mann muß etwas von der Sache verstehen, sich anpassen und sich durchsetzen können.

So stark vereinfacht, wird deutlich, daß wir unseren Hochschulabsolventen aus den Augen zu verlieren beginnen. Denn Fachverstand, Anpassung und Durchsetzung sind Merkmale, die wir uns bei jedem Mitarbeiter wünschen, nicht nur bei den akademisch vorgebildeten. Die Diskussion um die akademische Ausbildung, um die Studienreform, leidet denn auch besonders stark unter der Verwechslung von allgemein menschlichen Qualitäten mit den spezifischen Qualifikationen eines Akademikers. Man kann Fachverstand, Anpassung und Durchsetzung aber auch unter dem Aspekt der Funktionen betrachten, welche der Akademiker herkömmlicherweise ausfüllen soll.

Fachverstand

Denken wir wieder an unsere kleine Rechtsabteilung. Sie muß alle Rechtsfragen bearbeiten, die im Unternehmen anfallen. Das sind praktisch Fragen aus allen Rechtsgebieten. Vornehmlich vielleicht aus dem Arbeits- und Handelsrecht, sicher aber auch aus dem gewerblichen Rechtsschutz, dem Strafrecht und dem Verfassungsrecht. Der Form nach wird Beratung, Vertragsgestaltung, Rechtsvertretung und Konfliktlösung verlangt. Ein Jurist in einer kleinen Rechtsabteilung muß also umfassend ausgebildet und interessiert sein. Hat er sich spezialisiert, so wird er entweder überhaupt nicht oder – bei entsprechender Spezialisierung – mit niedrigerem Gehalt als Bürovorsteher eingestellt. Ich will nicht in fremden Gärten wildern, könnte mir aber vorstellen, daß die Verhältnisse in kleinen oder mittleren Labors und Konstruktionsbüros ähnlich liegen. Das heißt, der Akademiker sollte ein breitgefächertes Fachwissen haben.

Man wird mir freilich entgegenhalten, die kleinen Büros oder Labors, an die ich dächte, gäbe es vielleicht, sie seien aber nicht erheblich. Bedeutsam sei das große Büro oder Labor mit den vielen hochgradigen Spezialisten, die im Teamwork die wissenschaftliche Entwicklung vorantreiben. „Eine wirklich endgültige und tüchtige Leistung ist heute stets: eine spezialistische Leistung", meinte schon Max Weber. Und Jürgen Habermas schreibt: „Die genialen wissenschaftlichen Fortschritte, die am Ende auch die Grenzen der zugehörigen Disziplin durchbrechen, sind von radikalen Spezialisten mit hochspezialisierten Organisationen erreicht worden: von Leuten wie Albert Einstein, Sigmund Freud, Konrad Lorenz." Wir wollen nicht fragen, welche hochspezialisierten Organisationen Albert Einstein und Sigmund Freud zu ihren genialen Konzeptionen verholfen haben, weil vorab zu klären ist, was Spezialisierung überhaupt bedeuten kann.

Speziell und generell sind offensichtlich unvollständige Begriffe. Sie setzen ein Bezugssystem voraus, von dem aus man bestimmen kann, was als allgemein und was als besonders gelten soll. Für den wissenschaftlichen Fortschritt, für die spezialistische Leistung im Sinne von Weber und Habermas ist dieses Bezugssystem nicht die herkömmliche Fächereinteilung, sondern der Stand der wissenschaftlichen Diskussion. Über die Fächereinteilung wird noch zu sagen sein, daß sie der Wissenschaftsentwicklung eher förderlich als hinderlich ist. Als Definitionsansatz für die spezialistische Leistung ist sie jedenfalls unbrauchbar.

Nimmt man den Stand der Wissenschaft als Bezugssystem, so kann man zwischen solchen Spezialisierungen unterscheiden, die dem Stand der Wissenschaft vorauseilen, und solchen, die ihn absichern. Ich darf diesen Unterschied an zwei Figuren aus meinem Fach verdeutlichen. Da ist auf der einen Seite der bekannte Prozessualist, der sich Jahre mit dem Zwangsvollstreckungsrecht beschäftigt und schließlich eine Theorie der Zwangsvollstreckung entwickelt hat, die viele Widersprüche auflöst und dieses Rechtsgebiet durchschaubar macht. Da ist auf der anderen Seite der Vorsteher eines Anwaltsbüros, der seit Jahren die Vollstreckungssachen fehlerfrei erledigt, alle Vollsteckungsformulare sofort auf den neuesten Stand von Rechtsprechung und Gesetzgebung bringt und natürlich auch die neue Theorie des bekannten Prozessualisten berücksichtigt. In der öffentlichen Diskussion denkt man immer nur an den bekannten Prozessualisten, an die spezialistischen Entdeckungen. Vom kleinen Spezialisten, der die umwälzenden Erkenntnisse des großen perfekt zu handhaben versteht, vom Bürovorsteher, wird kaum gesprochen. Allenfalls wird er als „Fachidiot" apostrophiert.

Das Fachwissen unseres Hochschulabsolventen sollte zwischen beiden Extremen liegen. Er benötigt weder die systematische Kraft des Prozessualisten noch das Gedächtnis des Bürovorstehers, aber er muß in der Lage sein, beide und noch viele andere Spezialisten schnell zu verstehen und ihre Ergebnisse sinnvoll anzuwenden. Das kann er jedoch nur, wenn er über ein breites Reservoir an Argumentationsmodellen, Redeweisen und Verhaltensmustern, über viel positives Wissen verfügt.

Anpassung

Das zweite, das wir von unserem Hochschulabsolventen erwarten müssen, ist Anpassung. „Sozialisation" nennen es die Soziologen, „Persönlichkeitsbildung" nennt es der Präsidialarbeitskreis für Forschungspolitik des Bundesverbandes der Deutschen Industrie und „verantwortliches Handeln" das Hochschulrahmengesetz. Ich habe etwas gegen solche Verschleierungen und sage deshalb: Anpassung. Das heißt, unser Hochschulabsolvent muß Sitte, Gesetz und Ordnung einhalten. Er darf sich von der Siebzehnjährigen nicht verführen lassen, die Fünfundfünfzigjährige nicht mißhandeln und die übrigen Mitarbeiter nicht gegen den Chef aufhetzen. Das zu betonen gibt es nicht nur handfeste Anlässe, sondern auch zwei wichtige Gründe.

Einmal können sich Akademiker in der Regel besser orientieren und artikulieren als Nichtakademiker. Zwar schützt Intelligenz vor Torheit nicht, doch darin steckt eben die Gefahr. Die besseren Orientierungs- und Sprachmöglichkeiten brauchen sich auch nicht in unmittelbarer praktischer Lebensklugheit niederzuschlagen. Es gibt ganz hinterhältige Formen der rücksichtslosen Ausnützung. Wenn man es nüchtern betrachtet, führt beispielsweise der zerstreute Professor ein verdammt bequemes Leben. Und der Einser-Abiturient, der zu ungeschickt ist, ein Formular auszufüllen, ist immer geschickt genug, einen Dümmeren zu finden, der das für ihn tut. Kurzum – Akademiker haben wegen ihrer Ausbildung in der Regel auch einen sozialen Vorsprung, das heißt Macht, und wo Macht ist, ist die Gefahr des Mißbrauches nicht weit.

Der zweite Grund ist, daß die Anpassung, die selbständige Pflichterfüllung, die wir verlangen müssen, sich scheinbar nur schlecht mit dem kritischen Urteil verträgt, das wir ebenfalls verlangen müssen. Wenn der

Firmenchef seiner Rechtsabteilung einen Vertragsentwurf zuschickt, den er bei einem Geschäftsbesuch ausgehandelt hat, erwartet er natürlich kein Lob für elegante Formulierungen, sondern ein kritisch-sachverständiges und unabhängiges Urteil. Insofern haben Habermas und das Hochschulrahmengesetz auf den ersten Blick recht, wenn sie fordern, das wissenschaftlich-kritische Denken dürfe auf der Hochschule mindestens nicht verschüttet werden, und hat der Präsidialarbeitskreis für Forschungspolitik vordergründig unrecht, wenn er das Wort „Kritik" in diesem Zusammenhang sorgfältig meidet.

Freilich erörtere ich die wissenschaftlich-kritische Haltung nicht zufällig unter dem Stichwort „Anpassung". Kritik ist gewiß anderes und mehr als Anpassung. In einem freiheitlich-demokratischen System kann sie indessen auch nicht einfach Befreiung, Emanzipation sein, weil Kritik zur Norm des Systems gehört und insofern nur wieder Normerfüllung ist. Wer Kritik allein als Befreiung versteht, muß das System, in dem sich Kritik äußert, als unfrei definieren. Aber Kritik läßt sich überhaupt nicht in das Begriffspaar Anpassung - Emanzipation spannen, weil sie sich mit der Hinwendung zur Sache normativen und personalen Maßstäben entzieht.

So oder so – die Loyalitätsleistungen, die ein Hochschulabsolvent erbringen muß, sind so komplex, daß wir eine stabile Loyalität nur dann erwarten können, wenn er die tragenden Normen in hohem Maße verinnerlicht.

Autorität

Unsere dritte Forderung an den Hochschulabsolventen war: Entscheidungskraft, Autorität, die Fähigkeit, sich durchzusetzen. So sehr wir in unserer Rechtsabteilung die Tüchtigkeit unserer Fünfundfünfzigjährigen schätzen, so unentbehrlich uns ihre präzisen Kenntnisse des Betriebs, der Lieferanten und der Kunden geworden sind, wir wissen, daß sie an einer Krankheit leidet, die zwar nicht der Dame, wohl aber dem Betrieb weh tut: Stallblindheit. Man könnte auch sagen: zu enge regionale und tätigkeitsspezifische Spezialisierung. Wir müssen deshalb erwarten, daß sich unser Hochschulabsolvent, von dem wir neue Impulse erhoffen, gegenüber unserer Dame durchsetzt, obwohl er weniger Haare am Kinn trägt, als sie auf den Zähnen hat.

Das Problem, das sich aus der Unterordnung älterer, erfahrener Mitarbeiter unter jüngere Führungskräfte ergibt, nenne ich das Leutnantsproblem. Es entsteht daraus, daß in der Regel mit dem Alter auch die Autoritätsansprüche zunehmen, vielfach übrigens mit Recht, und ein Jüngerer deshalb einen beträchtlichen Autoritätsvorsprung einbringen muß, wenn er sich ohne die Autorität Dritter und ohne ernsthafte Drohungen bei Älteren Gehorsam verschaffen will. Deshalb neigen Gruppen um so mehr dazu, Führungspositionen nach dem Anciennitätsprinzip zu vergeben, je homogener sie sind.

Ich habe hier nicht darüber zu räsonnieren, wie Autorität gewonnen und gestützt wird. Ausschlaggebend sollte für den Hochschulabsolventen jedenfalls das höhere Fachwissen sein. Wir alle wissen aber, daß fachliche Autorität im Team nicht so selbstverständlich respektiert wird wie bei flüchtigeren Kontakten. Der Klient neigt dazu, dem Anwalt zunächst einmal Kredit einzuräumen. Die Fünfundfünfzigjährige in unserer Rechtsabteilung dagegen beobachtet anfangs jeden Schritt des jungen Assessors mit Mißtrauen. In gewisser Weise hat sie recht. Bezogen auf den konkreten Betrieb, ist sie erheblich sachverständiger als er. Deshalb ist es gut, daß dem Assessor zunächst einige institutionelle

Stützen zur Seite stehen: etwa das eigene Arbeitszimmer, die A13-Besoldung, der Doktortitel.
Noch schwieriger als das Leutnantsproblem ist indessen das Entscheidungsproblem. Praxis und Entscheidungsdruck – das ist fast dasselbe. Gewiß, auch in der Berufsvorbereitung gibt es Entscheidungszwänge und drohende Konsequenzen, beispielsweise bei Prüfungsarbeiten. Aber nach unserer Prüfungsideologie erlaubt jedes Prüfungsversagen immer noch Ausreden. Die sind in der Praxis nicht mehr möglich, weil hier letztlich der Erfolg den Ausschlag gibt. Außerdem kann man in der Praxis den Sachfragen nicht ausweichen. Wie ein Richter sich nie darauf berufen darf, er kenne das Recht nicht, so kann im Grunde ein junger Akademiker nie sagen, diese oder jene praktische Frage könne er mangels Sachkenntnis nicht beantworten. Natürlich kann er erklären, er sei nicht zuständig oder seine Fachwissenschaft sei noch nicht so weit. Aber er darf nie sagen: Ich weiß es nicht, selbst wenn er es wirklich nicht weiß und das Wissen persönlich auch gar nicht von ihm verlangt werden kann. Dann muß er eben mit schlechtem Gewissen antworten und so als individueller Sünder den Allwissenheitsanspruch der Zunft mit dem Falschgeld des Mutes einlösen.

Qualität des Angebots

Es ist nicht zu übersehen, ich bin kein Mann der Praxis, sonst würde ich anders reden, beispielsweise über die Ungerechtigkeit der Welt jammern, die mich zu grausamen Kündigungen zwingt, oder über die Verbohrtheit einer Hochschulpolitik, die den qualifizierten Nachwuchs erstickt. Aber ich habe diese Probleme so breit dargestellt, damit ich um so kürzer sagen kann, ob die Hochschulen sie lösen können.
Vorweg zwei Selbstverständlichkeiten: Einmal liefern

die Hochschulen immer noch fachkundige, anpassungsbereite und entscheidungsfreudige Kräfte, die auch gehobenen Ansprüchen genügen. Das Gegenteil läßt sich jedenfalls schon deshalb nicht beweisen, weil kein Bildungssystem so schlecht oder so miserabel organisiert sein kann, daß sich gute Begabungen nicht immer noch durchsetzten, wenn sie gefordert werden. Wäre es anders, hätte es in Deutschland keine Klassik geben dürfen. Nur machen sich Hochschulen und Bildungspolitiker lächerlich, wenn sie sich diese Leistungen als Verdienst zurechnen.

Zum anderen haben die Hochschulen nie fix und fertig ausgebildete Berufspraktiker geliefert. Sie werden sie auch nie liefern, auch nicht mit den einphasigen Juristen und Lehrern. Denn Berufspraxis läßt sich nicht auf der Universität, sondern nur im Beruf selbst lehren. Zur Berufspraxis gehört eine Unzahl von Erfahrungen nach Art des Fingerverbrennens, die man durch Reden nicht vermitteln kann, die man einfach machen muß. Dieses Lernen durch Erfahrung kann man allein durch Zeigen, wie man es macht, steuern. Das gilt für alle Berufe, auch für die akademischen. Es gibt keinen spezialisierten Beruf, der nicht eine Phase des Zeigens verlangte.

Wenn man die guten Begabungen und die Phase des Zeigens vor die Klammer zieht, dann geht es nur noch darum, ob die Institutionen, die Hochschulabsolventen einstellen, ausreichend zuverlässig damit rechnen können, daß die Hochschulabsolventen die Erwartungen erfüllen, die sie und die abgebenden Institutionen durch Zeugnisse, Titel, Gehalts- und Funktionsansprüche selbst wecken. Diese Urkunden und Ansprüche sind wie Banknoten. Sie gewinnen ihren Kredit nicht aus abstrakten Versprechen der Aussteller, sondern aus vergangenen Erfolgen in bestimmten herkömmlichen Funktionen. Was ein Diplom-Volkswirt als Bürobote leistet, interessiert nicht.

Auflösung der Fächer

Fragen wir also als erstes nach dem Fachwissen. Die Forderung ging auf breitgefächerte Kenntnisse mit der Möglichkeit, sich selbst zu spezialisieren und Spezialisten zu verstehen. Kann die Hochschule in Zukunft dieser Forderung genügen? Die Antwort muß lauten: nein. Dieses „Nein" steht in schroffem Gegensatz zu den guten Absichten unserer Bildungspolitiker und bedarf deshalb der Begründung. Ich nenne nur einen Grund, dafür aber den zentralen: die Auflösung der Fächer.

An der Einteilung der Fächer reiben sich die Wissenschaften allerdings schon seit langem. Unter Berufung auf die „Natur der Sache" fordern sie Befreiung von ihren Disziplinen. Ob die Disziplinen nicht notwendige Disziplinierungen sind, pflegen sie nicht zu fragen, obgleich ein Blick in die Geschichte und der internationale Vergleich lehren, daß Fächer nicht entscheidend durch irgendwelche „Sachfragen", sondern vor allem durch Tradition und Dezision bestimmt werden. Fächer sind keine Naturereignisse, man muß sie wollen, weil sie in der grenzenlosen Weite wissenschaftlichen Fragens die Orientierungen liefern, ohne die Wissenschaft nicht organisiert werden kann. Besonders Fachwissen setzt denknotwendig ein Fach voraus, in dessen Rahmen es kontrolliert und abgerufen werden kann. Die Fächerstruktur wird jedoch ersatzlos zerstört.

Erstens: Nach den Vorstellungen aller Hochschulpolitiker soll sich das Studium nicht mehr am Fach, sondern an „beruflichen Tätigkeitsfeldern" orientieren. Wie schon das eigenartige neudeutsche Wort belegt, weiß jedoch niemand, was ein berufliches Tätigkeitsfeld ist. Auf welchem Felde bewegen sich beispielsweise der praktische Arzt, der Direktor einer chirurgischen Klinik, der Amtsarzt, der Arzneimittelvertreter und der

Mitarbeiter im Bundesgesundheitsamt? Doch allenfalls auf dem tabuisierten Feld des Faches, das übrigens nicht unbedingt ein Tätigkeitsfeld sein muß, sondern auch ein beschauliches Feld sein kann. Logisch kann man das berufliche Tätigkeitsfeld deshalb nur negativ abgrenzen: nicht Fach, nicht Beruf. Logisch kann es deshalb alles andere sein. Damit sind aber die Markierungen des Faches aufgehoben und ist die Sicherheit des Urteils über den Wissensstand von Hochschulabsolventen beseitigt. Unter den Bedingungen der Schule würde das bedeuten, daß die Schüler auf alle Sachfragen antworten könnten: Das haben wir nicht gehabt. Unter den Bedingungen der Praxis bedeutet es, daß der Wert der Diplome sinkt.

Zweitens: Da niemand gern über Felder ohne Anfang und ohne Ende stapft, sondern sich lieber in überschaubaren Grenzen bewegt, mußte sich mit der Auflösung der überlieferten Fächer die Neigung zur Spezialisierung verstärken. Der Fachidiot: in der Ordinarienuniversität verpönt, durch die Bildungsreform legitimiert. Die Fachidiotie wird allerdings verschieden gerechtfertigt: in der Grundschule mit der begrenzten Aufnahmefähigkeit des Kindes, im Gymnasium mit den verschiedenen Anlagen der Schüler, in der gymnasialen Oberstufe mit den unterschiedlichen Neigungen der Primaner, in der Hochschule mit vorgeblichen Bedürfnissen der beruflichen Praxis und in der Diplom-Prüfung mit Ansprüchen der Wissenschaft. Das Ergebnis ist immer das gleiche: Begrenzung des Horizonts.

Drittens: Am intensivsten wird die Zerstörung der Fächer durch die Fachleute selbst betrieben. Die Neigung zur engen Spezialisierung gab es immer, und sie ist verständlich: Jeder möchte auf seinem Gebiet König sein. Verständlich auch, daß jede institutionelle Krücke benutzt wird, die Grenzen zu sichern. Solange relativ wenige Wissenschaftler relativ große Felder

beackerten, konnte sich diese Neigung nicht nachteilig auf die akademische Lehre auswirken. Sie mußte aber zu einer Flurzersplitterung durch Realteilung führen und die Inhalte der Lehre ändern, als die Professorenstellen sehr schnell sehr stark vermehrt wurden: Wenn eine philosophische Fakultät mit je einem Lehrstuhl für ältere und für neuere Geschichte wegen wachsender Studentenzahlen einen dritten Geschichtslehrstuhl erhielt, wurde mit durchaus plausiblen Gründen todsicher ein Mediävist, ein Fachmann für mittlere Geschichte, berufen. Eine solche Berufung löste das Problem der Studentenzahlen natürlich nicht. Sie verschärfte es nur, weil die Ansprüche des Faches quantitativ wuchsen. Die höheren quantitativen Ansprüche wiederum rechtfertigte man unter dem Titel: Vermehrung des Wissens.
In der Spezialisierung der Professoren dürfte auch einer der wichtigsten Gründe dafür liegen, daß die Zahl der Studienplätze nicht linear mit den Ausgaben für den Hochschulausbau gewachsen ist. Aber höherer Finanzbedarf ist noch die billigste Konsequenz der Spezialisierung. Die Änderung der Lehre ist auf die Dauer erheblich teurer. Das Angebot an Vorlesungen, welche die ganze Breite oder große Teile eines Faches abdecken, ist ersichtlich zurückgegangen. Besonders in den Naturwissenschaften werden immer weniger Lehrbücher geschrieben, die auf eine breite Systematik angelegt sind. Dafür breitet sich die sogenannte Studienliteratur, eine Art wissenschaftlicher Groschenhefte, aus wie Schimmel.

Auflösung der Anpassungsnormen

Fragen wir weiter nach der Anpassungsfähigkeit und Anpassungsbereitschaft der Hochschulabsolventen. Die Forderung ging auf komplexe Loyalitätsleistungen, auf hochgradige Verinnerlichung von Anpassungsnormen. Kann die Hochschule in Zukunft diesen Forderungen genügen? Die Antwort muß wieder lauten: nein. Allerdings mit der Einschränkung, daß die Ursache nicht bei den Hochschulen liegt.

Bis vor einigen Jahren konnten wir von der Hochschule Absolventen erwarten, die auf die beruflichen Anpassungsleistungen sehr gut eingestellt waren. Das war aber nicht das Verdienst der Hochschulen. Die akademische Freiheit hat die berufsgerechte Sozialisation der Akademiker zwar gefördert, die eigentliche Qualifikation leisteten jedoch die sozialen Normen, auf die sich die Studenten verpflichtet fühlten: „Die vom Neuhumanismus geprägte Tradition und das Sprachmilieu der Elternhäuser, die sozialen Vorbilder und die Erziehungstechniken, die dort herrschten, haben damals auch Qualifikationen gefördert und Einstellungen prämiert, die auf Prinzipien wie das der akademischen Freiheit eher zugeschnitten waren", schreibt Jürgen Habermas. Soweit er diesen Satz als statistische Aussage über die schichtenspezifische Zusammensetzung der Studentenschaft versteht, könnte man zwar Bedenken anmelden. Immerhin schrieb das preußische Allgemeine Landrecht von 1794 für die Kinder der Gutsunterthanen, also des wirklich geringsten Standes, vor: „Wenn ein Kind nach dem Befunde fachkundiger Männer zu einer Kunst oder Wissenschaft vorzüglich Talente, und die erforderlichen Hilfsmittel zu deren Erlernung besitzt: so darf ihm auch dazu die Erlaubnis nicht verweigert werden (§ 176 II 7 ALR)." Aber die sozialen Verhältnisse der Studenten sind nicht entscheidend. Entscheidend ist das Normensystem, in dem und an dem sie sich orientieren. Und das hat sich in der Tat geändert. Die Mythologisierung des Arbeiters durch „Söhne aus bürgerlichen Häusern" hat die Verbindlichkeit bürgerlich-akademischer Verhaltensvorschriften so weit aufgelöst, daß die traditionellen Anpassungs- und Führungsnormen nicht mehr verinnerlicht werden können und das Diplom deshalb keine zuverlässige Auskunft mehr über die Anpassungsleistungen des Inhabers gibt.

Verstärkt wird dieser Zweifel durch die stärkere Berufsorientierung des Studiums, die ja nicht eine Erfindung des Hochschulrahmengesetzes, sondern ein Produkt des Zeitgeistes ist. Das Hochschulrahmengesetz meint die Berufsorientierung natürlich gut: als Hilfe für die Studenten und als Erhöhung der Amortisationsquote für die Ausbildungkosten. Aber die Berufsorientierung hat für den Studenten auch ihre ethische Seite: Sie wirft ihn auf sich selbst und seine Interessen zurück. Die strenge Konzentration auf die Sache, und zwar nur auf die Sache, welche die Wissenschaftsorientierung des Studiums verlangte, ist nicht mehr dominant. Der Brotstudent hat über den philosophischen Kopf gesiegt. Das ist ein Pyrrhussieg der Praxis. Denn für die Ausübung von Leitungsfunktionen in der Praxis gilt immer noch als wichtigster Satz: Der Kapitän verläßt das sinkende Schiff zuletzt. Mit anderen Worten: Die Berufsorientierung des Studiums vergrößert die seit je bestehende Gefahr, daß Ratten die Kommandobrücken besetzen.

Schließlich hat der Anpassungsdruck für die Studenten spürbar nachgelassen. Die Widerstände sind geringer, die Hilfen größer geworden. Damit meine ich weniger die finanziellen Erleichterungen, mit denen die Studenten heute rechnen können, als vielmehr die Pädagogen-Mentalität, die sich heute in der Hochschule breitmacht. Nur ein Beispiel: In meinem Fach wurden früher von den Vorlesungen Skripten gefertigt. Ein oder zwei Studenten schrieben die Vorlesung mit, überarbeiteten und ergänzten das Manuskript, ließen es vielleicht vom Dozenten autorisieren, vervielfältigten und verkauften es dann um ein oder zwei Mark. Das hat aufgehört. Heute erwarten die Studenten, daß der Dozent die Skripten gleich mitbringt. In einer Berufungskommission lobte neulich ein Student die didaktischen Fähigkeiten eines Dozenten mit den Worten: „Der verteilt viele Papiere." Nichts gegen Papiere. Aber die alte Methode der Skriptenanfertigung scheint mir auch unter erzieherischem Aspekt die bessere gewesen zu sein. Die unzähligen didaktischen und pädagogischen Hilfen, die den Studenten zur Zeit gewährt werden, fördern jedenfalls nicht die Selbständigkeit. Man muß befürchten, daß eine ganze Generation verzogen wird. Damit läßt sich aber nicht mehr sicher abschätzen, wie ein junger Assessor mit der fünfundfünfzigjährigen Perle unserer Rechtsabteilung auskommt. Wenn er sie genauso behandelt wie heute viele Studenten aus gutem Hause ihre Mütter, dann sollte man von einer Einstellung besser absehen.

Souveränität der Personen?

Die dritte Frage endlich, die Frage nach der Entscheidungsfreudigkeit, wage ich nicht eindeutig zu beantworten. Auf den ersten Blick scheint die Demokratisierung der Universität wenigstens in diesem Punkte Früchte getragen zu haben. Auch wenn man von den Krakeelern absieht, hat man den Eindruck, als ob sich die Studenten heute gegenüber ihren Professoren freier verhielten als die Studenten früherer Generationen. Daraus könnte man schließen, sie seien weniger autoritätsgläubig als ihre Kommilitonen von gestern oder vorgestern. Freilich sollte man die Signalwirkung von Konventionalregeln nicht überschätzen. Es gibt große Organisationen, die das vertrauliche „Du" bevorzugen, ohne daß man sagen könnte, in diesen Organisationen gäbe es keine Gläubigen und keine Autoritäten. Außerdem hat die Demokratisierung offenkundig zu einer stärkeren Polarisierung in der Universität geführt. Deshalb könnte der Student die Freiheit, die er im Verhältnis zum Professor vielleicht gewonnen hat, im Verhältnis zu seiner Gruppe wieder verloren haben. Aber ich habe mir darüber noch kein abschließendes Urteil gebildet. Nur eines kann man mit großer Wahrscheinlichkeit sagen: Sicherer und standfester als ihre Kommilitonen von früher sind die Studenten von heute nicht, weil Polarisierung das Individuum von Verantwortung entlastet.

Schlüsse und Konsequenzen

Insgesamt lautet die Bilanz der Hochschulreform: negativ. Selbstverständlich kann man Drittelparität und dergleichen als Erfolg und die Hochschulreform insgesamt als großen Sieg feiern (über wen eigentlich?) – wenn man in Sonnenuhrmanier alle Änderungen des Hochschulrechtes als Aktiva verbucht und die unzähligen Krawalle, Streiks und Störungen nicht zählt. Ich halte diese Betrachtungsweise indessen nicht nur für falsch, für einen frommen Selbstbetrug, sondern auch für unerheblich. Was zählt, ist: Gibt es auch nur schwache Anzeichen dafür, daß die Hochschulabsolventen der letzten Jahre fachkundiger und besser auf das Berufsleben vorbereitet sind als die Studenten vorher? Nur wenn man diese Frage bejahen könnte, hätte die Hochschulreform ihren Zweck erreicht. Man kann sie aber nicht bejahen.

Freilich gibt es einen Gewinn der Hochschulreform, den sie zwar nicht intendierte, den man ihr aber gleichwohl zurechnen muß: Sie hat der Öffentlichkeit wieder den Blick für die dienende Rolle der Hochschule geöffnet. Die Herrschaftsansprüche der Universitäten, die ja viel älter sind als die sogenannte Studentenbewegung, haben sich als offensichtlich unbegründet erwiesen, und das ist gut so.

Eine der törichtesten Blüten, die der universitäre Kampf um die Macht getrieben hat, ist der Satz: Wer lehrt, prüft. Dieser Satz ist einschränkungslos falsch: Der Lehrer, der seine eigenen Schüler prüft, prüft immer nur sich selbst. Man muß es auch als Unsitte bezeichnen, daß bei uns die abgebende Institution beansprucht, Bewerber für die aufnehmende Institution zu qualifizieren. Die Schule für die Universität, die Universität für den Beruf. Für Lehramt und Justiz macht der Staat diesen Unsinn gottlob nicht mit. Ich meine, die Wirtschaft sollte ähnliche Konsequenzen aus der Vertrauenseinbuße der Hochschulen ziehen. Zum Schluß deshalb eine Empfehlung:

Wenn ich Leiter eines größeren Unternehmens wäre, würde ich etwa folgendes tun:

1. Ich würde mich von den staatlichen Besoldungsordnungen lösen und den Gehaltskegel so ändern, daß auf einer breiten Basis annähernd gleicher Gehälter – einschließlich der Akademikergehälter – eine schmale, steile Pyramide der Spitzengehälter entsteht.

2. Ich würde alle Stellen offen ausschreiben, das heißt, nicht einen Dipl.-Ing. oder Ing. (grad.) suchen, sondern eine Dame oder einen Herrn für die und die Funktionen. Dann kann man Akademiker und Nichtakademiker vergleichen und sich auch für den Nichtakademiker entscheiden.

3. Ich würde informelle Beurteilungen sorgfältiger pflegen, nach den Lehrern fragen, bei denen jemand studiert hat, und vertrauliche Gutachten einholen – sowohl über den Bewerber wie über seinen Lehrer.

4. Ich würde mich zusammen mit anderen Unternehmen der Branche oder des Verbandes um eine eigene Prüfungsorganisation bemühen. Vorbild brauchen nicht die großen Test- und Prüfgesellschaften in

Amerika oder unsere Wirtschaftsprüfungsgesellschaften zu sein. Bei uns müßte das Gewicht mehr auf der Fachprüfung liegen. Deshalb könnte die Wirtschaft sich mit einer Prüfungsorganisation nach Art der Organisation für die juristischen Staatsprüfungen oder die Lehramtsprüfungen begnügen. Das heißt, man zieht Fachleute heran, die das Prüfen – selbstverständlich gegen gute Bezahlung – als Nebentätigkeit betreiben. Für die Organisation der Fachleute benötigt man nur ein kleines Büro. All das kostet selbstverständlich Geld, aber immer noch weniger als sich häufende Fehlbesetzungen. Den Hintergedanken dieser Empfehlung kann ich freimütig nennen: Konkurrenz hebt das Geschäft, und das Bildungsgeschäft hat es nötig.

Regelstudienzeit und Studienreform zwischen akademischer Freiheit und gesellschaftlichen Erwartungen

Deutsche Studienreform

Der Ausstoß einer Wasserleitung hängt nicht nur vom Leitungsquerschnitt, sondern auch von der Durchlaufgeschwindigkeit des Wassers ab: Je schneller das Wasser, desto größer der Ausstoß. Soll das Wasser während des Durchlaufens seine Qualität ändern – beispielsweise wärmer werden –, so benötigt es Energie und Zeit. Wieviel, hängt von der Eingangswärme des Wassers, der Leistungsfähigkeit des Erhitzers und der verlangten Ausgangswärme ab. Bei gegebener Leitung, Eingangswärme und Erhitzerstärke nimmt die Ausgangswärme zu, je langsamer, und ab, je schneller das Wasser fließt.

Diese Badewannenphilosophie hat natürlich nichts mit Physik zu tun, sondern mit Studienreform. Wenn man die Hochschule als Leitung, die Studenten als Wasser, die Regelstudienzeit als Durchlaufgeschwindigkeit und die Professoren als Erhitzer versteht, gibt sie das Prinzip der derzeit herrschenden Studienreformpolitik wieder. Es ist das des Durchlauferhitzers. Das zeigen besonders die Orientierungspunkte zur Hochschulausbildung, die der Bundesminister für Bildung und Wissenschaft unter dem 16. Juni 1978 veröffentlicht hat.

Politisch sind die Orientierungspunkte '78 bedeutungslos. Mit dem Erlaß des Hochschulrahmengesetzes hat der Bund seinen wichtigsten hochschulpolitischen Trumpf geworfen und muß nun zusehen, wie die Länder, die immer noch die Kulturhoheit in der Hand haben, damit spielen. Durch gutes Zureden kann er bei den Ländern nichts mehr erreichen.

Das Letzte, das er auf diese Weise erreicht hat, war wahrscheinlich die Rahmenkompetenz für das Hochschulwesen (Art. 75 Abs. 1 Nr. 1 a GG). Aber den Verfassern der Orientierungspunkte war die bildungspolitische Ohnmacht des Bundes natürlich bekannt. Deshalb mußten sie sich aufs Überreden verlegen. Sie durften nur etwas sagen, von dem sie glaubten, die Bildungspolitiker der Länder könnten es für vernünftig halten. Aus diesem Grunde kann man die Orientierungspunkte '78 als Zusammenfassung der herrschenden Meinung zur Studienreform betrachten.

Die Orientierungspunkte '78 begründen die Notwendigkeit einer Studienreform mit:

- der Vervierfachung der Studentenzahlen,
- der Spezialisierung der Wissenschaften,
- der Knappheit an Akademikerarbeitsplätzen,
- den Bildungsansprüchen der geburtenstarken Jahrgänge und
- dem langsameren Wachstum der Haushaltsmittel für die Hochschulen.

Die derzeitige Hochschulausbildung sei reformbedürftig wegen:

- überlanger Studienzeiten
- hoher Anteile von Fachwechslern und Studienabbrechern
- Desorientierung, Überforderung, Entfremdung und Verständigungsschwierigkeiten von Professoren und Studenten.

An diesen Stichworten fällt einmal die Betonung des Quantitativen auf: Studentenzahlen, Arbeitsplätze, Geburtenstärke, Haushaltsmittel, Studienzeiten. Zum anderen die Tendenz der Qualitäten: Desorientierung, Überforderung, Entfremdung und Verständigungsprobleme sind nicht studienspezifische, sondern allgemeinmenschliche Schwierigkeiten, deren Gründe in der objektiven, gesellschaftlichen Ordnung zu finden sind. Was faul ist an den Studien, wird denn auch institutionell erklärt: „Die Studienzeiten sind . . . zu lang. Dies ist in erster Linie ein Symptom struktureller Mängel im Studienangebot, zu denen vor allem die stoffliche Überfrachtung der Studiengänge gehört." Daß Studenten einfachen bummeln könnten, kommt nicht einmal als Denkmöglichkeit vor. Wenn Studenten kühl bleiben, liegt das nicht an ihnen, sondern an ihren Lehrern, die sie nicht genug erhitzen. Auf diese Weise erscheinen die Studenten nicht mehr als Subjekte des Studiums, sondern nur noch als Objekte der Ausbildung, als Objekte wie Wasser, dem man ja auch keine Vorwürfe macht, wenn es zu kalt aus der Leitung kommt.
Daß es für die herrschende Studienreformpolitik keine dummen, frechen und faulen Studenten gibt, ist für die Studenten ein zweifelhaftes Privileg. Denn es schließt aus, daß es kluge, höfliche und fleißige Studenten gibt. Politisch hat die Degradierung der Studenten zu Objekten der Ausbildung eine weitreichende Konsequenz: Es macht eine qualitative Auslese der Studienbewerber und der Studenten theoretisch unmöglich. Denn wenn man qualitative Unterschiede leugnet, kann

man auch nicht danach auslesen. Die theoretische Unmöglichkeit der Auslese aber – daß praktisch doch ausgelesen wird, ist eine andere Frage – schließt naheliegende Lösungen des Studienreformproblems von vornherein aus, zum Beispiel die Senkung der Studentenzahlen.

Wenn die Studienreform unendlich schwierig ist, wegen der Vervierfachung der Studentenzahlen aber notwendig sein soll, dann liegt nichts näher, als die Studentenzahlen zu senken. Die Studentenzahlen zu senken wäre auch nicht schwer. Man brauchte nur die Barrieren ein wenig anzuheben, die beim Hochschulzugang überwunden werden müssen, und schon hätte man weniger Studienanfänger. Die Behauptung, das sei politisch nicht durchsetzbar, ist falsch. Eine Bundesregierung, die eine Verlangsamung des Rentenanstieges verkraftet hat, wird auch eine geplante Herabsetzung der Studentenzahlen verkraften. Und Hochschulrektoren, die 1972 die Ausnutzung vorhandener Studienplätze als verfassungsrechtliches Gebot und 1978 die Entscheidung über weitere Zulassungsbeschränkungen als politische Entscheidung bezeichnet haben, werden auch einer Senkung der Studentenzahlen applaudieren. Aber mangels qualitativer Unterschiede ist eben eine Verschärfung der Zulassungsbedingungen nicht möglich. Deshalb kann man den Orientierungspunkten '78 auch nicht vorwerfen, sie proklamierten eine hausgemachte Misere als nationalen Notstand: Die Studentenzahlen sind unser Schicksal.

Daß es keine dummen, frechen und faulen Studenten gibt, fordert überdies eine Studienreformpolitik aus christlicher Nächstenliebe. Zu lange Studienzeiten und ein zu hoher Anteil von Fachwechslern und Studienabbrechern haben nur dann etwas mit der Vervierfachung der Studentenzahlen zu tun, wenn man meint, die Vervierfachung bedeute, daß nur noch die wenigsten

Studenten den Ansprüchen des traditionellen Studiums sozial und intellektuell gewachsen seien, daß sie Nachhilfeunterricht erhalten müßten. Das ist in der Tat die Ansicht der Orientierungspunkte '78. Nur drücken sie es vorsichtiger aus: „Heute studieren nicht nur wesentlich mehr, sondern auch anders vorgebildete und geprägte Studenten als noch vor 20 Jahren." Und: „Leitziel einer Ausbildung für 20 Prozent eines Altersjahrgangs kann nicht mehr allein die Heranbildung des wissenschaftlichen Nachwuchses für die Hochschulen und die Forschung sein." Das heißt, die offiziöse Politik fordert eine Studienreform für die Armen im Geiste. Eine solche Studienreformpolitik hat zwar keine wirklichen Freunde, aber auch keine Gegner. Man kann sich ihr nicht entziehen. Sie ist so christlich, daß die Christdemokraten sie nicht allein den Sozialliberalen überlassen dürfen, und so aufklärerisch, daß sich ihr auch die Hochschulen anschließen müssen.

Kritik der Durchlauferhitzerpolitik

Diese Durchlauferhitzerpolitik zu kritisieren, bedarf es keiner bedeutenden geistigen Anstrengung. Zwischen Hochschulen und Durchlauferhitzern bestehen Unterschiede. Zwar können auch Professoren verkalken, aber Studenten unterscheiden sich von Wasser vor allem dadurch, daß sie bergauf laufen können, was Wasser nicht kann. Wasser kann sich auch gegen seine Erhitzung nicht wehren, der Student kann es. Umgekehrt kann sich der Student auch ohne Professoren für die Wahrheit erwärmen, während das Wasser nicht ohne Erhitzer warm wird. Wäre der Student nur Objekt der Ausbildung und nicht vor allem Subjekt des Studiums, so hätte es weder deutsche Klassik noch idealistische Philosophie noch eine deutsche Dominanz unter den Nobelpreisträgern geben dürfen, weil die deutschen Hochschulen – das Wort „Universität" kommt auf Bundesebene kaum noch vor –, weil die Universitäten im 18. und 19. Jahrhundert noch nicht wußten, daß sie ihren „Bildungsauftrag durch die Vermittlung wissenschaftsorientierter Einstellungen und Verhaltensweisen" erfüllen – Zitat aus den Orientierungspunkten '78. Damals ging es noch einfach um Wahrheit.

Um Wahrheit geht es der Durchlauferhitzerpolitik aber nicht, nicht einmal um schlichte Redlichkeit. Sonst könnten die Orientierungspunkte '78 nicht behaupten, heute studierten anders vorgebildete und geprägte Studenten als vor zwanzig Jahren. Wenn damit mehr gesagt sein soll als die Plattheit, daß sich die Welt in zwanzig Jahren verändert hat, dann ist die Behauptung entweder falsch oder das offene Eingeständnis eines Rechtsbruches. Denn wäre beim Hochschulzugang alles nach Gesetz und Recht zugegangen, dürften die Universitäten heute nicht von so vielen Personen bevölkert sein, die den Anforderungen des herkömmlichen Studiums geistig und sittlich nicht gewachsen sind. Bis heute gilt nämlich das Prinzip der allgemeinen Hochschulreife. Maßstab ist das herkömmliche Abitur. Soweit andere Abschlüsse als das Abitur zum Studium berechtigen, müssen sie dem Abitur gleichwertig sein. Über die Gleichwertigkeit entscheiden die Kultusminister. Stimmt die Behauptung, heute studierten anders vorgebildete Studenten als vor zwanzig Jahren, dann haben die Kultusminister gesetzwidrig und mißbräuchlich gehandelt und Ausbildungen der gymnasialen Ausbildung für gleichwertig erklärt, die nicht die Fähigkeit zum Studium vermittelten. Der Rechtsbruch der Kultusminister kann aber nicht eine Reform der Studien, sondern nur eine Reform der Kultusminister begründen.

Die Durchlauferhitzerpolitik ist aber auch funktional

verfehlt. Eine Studienreform widerspricht sich selbst, wenn sie auf der einen Seite die Hochschulausbildung auf das Beschäftigungssystem abstimmen und auf der anderen Seite die stoffliche Überfrachtung der Studiengänge beseitigen will. Die Überfrachtung des Studiums hat gerade für das Beschäftigungssystem ihren guten Sinn. Das Ausbildungssystem muß strukturell einen Überschuß an Gesichtspunkten, Maßstäben und Entscheidungskriterien vorhalten, wenn es den Ansprüchen des Beschäftigungssystems genügen und eine ausreichende Flexibilität der Absolventen gewährleisten will. Ein Beispiel: Alle Rechtslehrer an deutschen Hochschulen zusammen müssen mehr wissen und lehren als der einzelne Student in der Praxis je gebrauchen kann, weil nur dann von jedem Studenten vermutet werden darf, er sei für beliebige, spezialistische Aufgaben verwendbar. Das ist keine graue Theorie, sondern lichte Hochschulwirklichkeit. Man denke an die vielen Rechtshistoriker, Rechtssoziologen, Rechtstheoretiker und Rechtsphilosophen, die angestrengt forschen und lehren, obwohl ihre Forschungsergebnisse in der Praxis unmittelbar nicht zu verwerten sind.
Überdies könnte eine inhaltliche Studienreform nur von Leuten durchgeführt und durchgesetzt werden, mit denen wir schlechte Erfahrungen gemacht haben, von Leuten, die ganz sicher im Besitz der Wahrheit sind. Denn sachlich-fachlich läßt sich eine stoffliche Entlastung nicht sinnvoll diskutieren. Der Professor, der auf seinem Spezialgebiet nicht die Lösung der Welträtsel vermutet, hat seinen Beruf verfehlt. Und wenn man die Wissenschaft mit Humboldt „immer als ein noch nicht ganz aufgelöstes Problem behandelt", ist es wissenschaftlich unmöglich, positives Wissen für ein wissenschaftliches Studium zu kanonisieren. Allerdings ist zuzugeben, daß die Studienreform nichts mit Wissenschaft zu tun hat. Aber auch unter dem Aspekt

der Praxis läßt sich eine stoffliche Entlastung der Studien nicht ausdiskutieren. Seit Hegel wissen wir, daß es ausgeschlossen ist, in endlicher Zeit nur ein Stück Papier vollständig zu beschreiben (der Doppelsinn ist gewollt).

Damit will ich nicht behaupten, jene forschrittlichen Studenten, Professoren, Rektoren und Kultusminister, die fordern, vor der Festsetzung von Regelstudienzeiten die Studieninhalte zu bereinigen, seien vom Geist jener Leute, mit denen wir schlechte Erfahrungen gemacht haben. Die Forderung dieser Leute hat nur den Sinn, die Einführung der Regelstudienzeit auf den Sankt-Nimmerleins-Tag zu verschieben. Alle Beteiligten wissen, daß die Bereinigung der Studieninhalte ohne äußeren Druck unmöglich ist, weil es keine wissenschaftlichen Kriterien für die Kanonisierung von Wissen gibt. Sie hoffen aber, die Einführung der Regelstudienzeit unmöglich machen zu können, indem sie sie an eine unmögliche Bedingung knüpfen.

Schließlich ist die hohe strukturelle Unbestimmtheit der Studieninhalte bei uns auch rechtlich abgesichert: durch die Wissenschaftsfreiheit (Art. 5 Abs. 3 GG). Wenn die Inhalte der Wissenschaftsfreiheit auch umstritten sind, über eines ist man sich noch einig: daß sie mindestens die individuelle Meinungsfreiheit des akademischen Lehrers gewährleistet, und die erstreckt sich insbesondere auf das, was man Berufsqualifikation, Praxisbezug und gesellschaftliche Relevanz nennt. Das heißt, eine inhaltliche Studienreform müßte über kurz oder lang mit der Wissenschaftsfreiheit in Konflikt geraten.

Als obrigkeitlich verordnete wird es eine inhaltliche Studienreform freilich auch nicht geben. Die Apologeten der Studienreform kennen natürlich ihren Art. 5 Abs. 3 GG, und sie meinen zu wissen, wie man ihn unterlaufen kann: mit Studienreformkommissionen, in denen neben vielen anderen Leuten auch einige Wissenschaftler sitzen. Diese Wissenschaftler sollen den Änderungen der Lehrinhalte den Anschein geben, als seien sie Akte der Selbstverwaltung der Wissenschaft. Aber Studienreformkommissionen können den Hochschullehrern so wenig vorschreiben, was sie lehren und was sie nicht lehren sollen, wie die Ministerialbeamten oder die Gewerkschaften. Solange die Wissenschaftsfreiheit nicht aufgehoben wird, können sie nur das notieren, was Staat und Gesellschaft für prüfenswert halten, und es in Form von Prüfungsgegenständen an die Kultusminister weitergeben.

Regelstudienzeit als Studienreform

Es gibt allerdings einen Umstand, dem sich die Wissenschaft evident beugen muß. Das ist die Zeit. Man mag Wissenschaft als ewiges Suchen definieren, ewig studieren kann deshalb doch niemand. Bisher sind alle Menschen gestorben, und es spricht vieles dafür, daß das so bleibt. Also müssen ohnehin alle Studien abgeschlossen werden. Und damit jeder zu seinen Lebzeiten mal drankommt, kann sie auch der Staat abschließen. Das heißt: Die Studienreform wird in der Einführung von Regelstudienzeiten bestehen. Erst über die Regelstudienzeit werden auch die Studiengänge entrümpelt, weil die Verknappung der Zeit eine sorgfältigere Stoffauswahl gebietet.

Wenn man auf die Knappheit an Zeit zurückgreifen muß, um Fristen zu rechtfertigen, bleibt freilich noch die Frage, wie ernst die Fristen gemeint sind. Sie sind ernst gemeint. Die öffentliche Meinung ist umgeschlagen. Der Rechtsbruch der Kultusminister bei der Erteilung der Studienberechtigung zeigt die neue Einstellung zur Hochschulausbildung am deutlichsten. Denn niemand hat diesen Rechtsbruch ernsthaft bean-

standet. Kein Politiker der Regierung hat sich seiner geschämt. Kein Politiker der Opposition hat ihn gebrandmarkt. Kein Bürger hat ihn kritisiert. Kein Betroffener hat sich beschwert. Kein Bundesverfassungsgericht hat ihn verurteilt. Lediglich einige Altphilologen und Universitätsprofessoren haben ihn still beweint. Die Öffentlichkeit versteht den Rechtsbruch also gar nicht als Rechtsbruch. Und das heißt: Sie betrachtet das wissenschaftliche Studium nicht mehr als Prozeß der Wahrheitsfindung, zu dem nur zugelassen wird, wer bestimmten Mindestanforderungen genügt, sondern nur noch als Problem des Ausgleichs zwischen individuellen Ansprüchen, abstrakter Menschengleichheit und ungleichen gesellschaftlichen Chancen, als ein Problem, das durch staatlichen Verteilungsakt gelöst werden kann und nicht durch individuelles Tun gelöst werden muß: Prinzip des Durchlauferhitzers.
Unter diesen Umständen lohnt es sich nicht, Studienreform und Regelstudienzeit anzugreifen oder zu verteidigen. Interessant bleibt nur die Frage: Wie ist es zu dieser neuen Einstellung zur Hochschulausbildung gekommen und welche gesellschaftlichen Konsequenzen hat sie?

Akademische Freiheit

„Schulen und Universitäten sind Veranstaltungen des Staates, welche den Unterricht der Jugend in nützlichen Kenntnissen und Wissenschaften zur Absicht haben.“ Dieser Satz stammt nicht aus dem Hochschulrahmengesetz von 1976, sondern aus dem Allgemeinen Landrecht für die Preußischen Staaten von 1794. Er war die Rechtsgrundlage für eine absolutistische Gängelung der Universitäten, aus der sie erst Wilhelm von Humboldts Gegen-Satz erlöste: Der Staat muß von seinen Universitäten nichts fordern, „was sich unmittelbar und geradezu auf ihn bezieht, sondern die innere Überzeugung haben, daß, wenn sie ihren Endzweck erreichen, sie auch seine Zwecke, und zwar von einem viel höheren Gesichtspunkte aus erfüllen". In diesem Satz bestand die Humboldtsche Hochschulreform. Denn er befreite die Universitäten von der Verpflichtung auf platte Nützlichkeit zu dem Höhenflug, den sie im 19. und beginnenden 20. Jahrhundert genommen haben.

Die Humboldtsche Hochschulreform bestand auch allein in diesem Satz. Juristisch-organisatorisch hat sie – bis auf eine Ausnahme – nicht stattgefunden. Die Reformuniversität Berlin wurde nach dem Vorbild der 1694 gegründeten Universität Halle organisiert: Der Staat verwaltete, die Professoren durften ihre Zänkereien unter sich ausmachen, und an Mitbestimmung der Studenten oder auch nur der Minderprofessoren dachte niemand. Nur um die Sittlichkeit der Studenten kümmerte man sich nicht mehr, und wegen der Intelligenz und des Fleißes der Studenten verließ man sich auf die Staatsexamen. Die Universität wurde entschult: Das Prinzip der Lernfreiheit war die einzige organisatorische Konsequenz der Humboldtschen Hochschulreform.

Praktisch-politisch erwies sich die Entschulung der Universität als außerordentlich zweckmäßig. Die neue anarcholiberale Studienordnung entpuppte sich als die rationellste Weise, quantitativ und qualitativ mit den Studentenmassen fertig zu werden, die im 19. Jahrhundert die Universitäten bezogen. Nach der Humboldtschen Studienordnung konnte man beträchtlich größere Studentenzahlen mit erheblich geringerem Aufwand und spürbar größerer Effizienz durch die Universität schleusen; die Mobilität war größer, das Scheitern im Studium unauffälliger und die Selektion sachgerechter: Wer es trotz akademischer Freiheit zum Examen brachte, verfügte nicht nur über ein Mindestmaß an Intelligenz und Wissen, sondern auch über

genau die Energie und Entscheidungskraft, die in den meisten akademischen Berufen notwendig ist.
Trotz ihrer altertümlichen Verfassung war die Humboldtsche Universität aber nicht nur eine moderne, sondern auch eine wirklich freie Universität. Sie setzte Lehrer und Studenten als selbständige und freie Individuen voraus, als souveräne Menschen, die nicht erst – wie es § 7 des Hochschulrahmengesetzes befiehlt – zu verantwortlichem Handeln befähigt werden mußten, sondern die sich bereits als verantwortlich Handelnde immatrikulierten. Frei war diese Universität, weil sie als zwar notwendige, aber so äußerliche Form des ungezwungenen und absichtslosen Zusammenwirkens von Lehrenden und Lernenden galt, daß ihr „Wie" gänzlich gleichgültig wurde. Humboldt hat das genau gewußt. Er hielt die „äußeren Formen und Mittel für etwas ganz Fremdes". Wenn aber die Form, in der sich die wissenschaftliche Diskussion entwickelt, ohnehin fremd, äußerlich und uneigentlich war, dann war es am zweckmäßigsten, die traditionellen Formen beizubehalten, weil man darauf keine Gedanken verschwenden mußte.
Diese Gleichgültigkeit gegenüber Formen war nicht einfach romantisch, sondern bedeutete auch wirkliche Unabhängigkeit. Der freie Geist respektiert die Form. Nur der Sklave meint, er müsse sie zerbrechen. Am eindrucksvollsten hat der bedeutende Staatsrechtler der Weimarer Zeit Hermann Heller in seiner Auseinandersetzung mit einer auch heute wieder verbreiteten, verlogenen Mißachtung bürgerlicher Formen diese Haltung beschrieben:

> „In der Nachkriegszeit erweist man seine genialische Überlegenheit über den Bürger dadurch, daß man Bilder oder Vasen stiehlt. Die Möglichkeit, daß man die bürgerliche Lebensform allein schon deshalb wahrt, weil man über genügend andere gesellschaftliche Reibungsflächen verfügt und

trotzdem die Sensation einer unbürgerlichen Grenzenlosigkeit dort erlebt, wo solche Abenteuer einzig und allein zu haben sind, nämlich im Geistigen, hielt dieser Literat eben für ausgeschlossen."

Die Freiheit, welche die Humboldtsche Universität meinte und gewährte, ist also die Freiheit des Sokrates, der selbst dem falsch angewandten Gesetz noch so viel Achtung bezeugt, daß er sich weigert, der ungerechten Todesstrafe zu entfliehen, ist also die Freiheit des selbstbewußten einzelnen, der die Relativität von Formen und Gesetzen durchschaut und sich ihnen trotzdem unterwirft. Juristisch drückte sich dieses souveräne Selbstbewußtsein des Akademikers darin aus, daß die deutsche Staatsrechtslehre bis in die zwanziger Jahre die Universität als Anstalt und die Wissenschaftsfreiheit als individuelle Meinungsfreiheit der beamteten Hochschullehrer verstand.

Die Veräußerlichung der Freiheit

Wenn damit die Freiheit der Wissenschaftler in der Universität richtig interpretiert ist, dann kann man auf den Tag genau sagen, wann das Siechtum der Humboldtschen Universität begann. Es war der 24. März 1927. Damals erklärte der Staatsrechtler Rudolf Smend unter allgemeinem Beifall seiner professoralen Fachgenossen: „Das Grundrecht (der Wissenschaftsfreiheit) bedeutet vor allem die angemessene Rechtsstellung einer großen öffentlichen Institution", nämlich der Universität. Diese Auslegung ist die Flucht des Sokrates vor dem ungerechten Schierlingsbecher. Sie nimmt dem Individuum die Freiheit und ordnet sie einer „großen öffentlichen Institution" zu. Von nun an war nicht mehr der Professor frei, der seine Unabhängigkeit auch gegen die herrschende Lehre, gegen seine Kollegen oder gegen Studenten zu wahren wußte, sondern der, der auf der Seite der Universität Schulter an Schulter mit seinem Dekan und dem AStA-Vorsitzenden gegen den Staat kämpfte. Die Freiheit wurde kollektiv und damit äußerlich. Ob die Wissenschaft frei war, erwies sich nicht mehr an den Möglichkeiten des Meinungsaustausches, sondern an der Zahl der Assistenten, am Umfang der Sachmittel und am Kooptationsrecht der Fakultäten. Selbstbewußte Souveränität verwandelte sich in kollektive Hochschulautonomie.

Mit der Veräußerlichung der Freiheit mußte sich ein Problem stellen, das für Humboldt keines war: das der Gleichheit. Für Humboldt waren Professoren und Studenten selbstverständlich gleich, weil es auf die Wissenschaftlichkeit ankam und deren Gesetze für alle gleich waren. Auf die Ungleichheiten, die sich aus den organisatorischen Formen ergaben, kam es nicht an. Sie waren so uneigentlich wie die Ungleichheit auf Erden im Verhältnis zur Gleichheit vor Gott.

In dem Augenblick jedoch, in dem man begann, wissenschaftliche Freiheit an dem zu messen, was Nichtwissenschaftler ihr an Privilegien gewährten, in diesem Augenblick mußten die sichtbare Ungleichheit in der Universität und ihr offenkundiger Widerspruch zur wissenschaftlichen Gleichheit schneidend ins Bewußtsein treten. Die weiteren Folgen sind geläufig. 1969 hat Jürgen Habermas die studentische Revolte „wissenschaftstheoretisch" mit der bereits von Humboldt bekannten Erwägung gerechtfertigt, die Universitätsorganisation müsse dem Bild der Wissenschaft als freies Zusammenwirken von Studenten und Professoren entsprechen. In Wahrheit hatten die Professoren schon seit Smends Vortrag Humboldt vom Himmel auf die Erde geholt. Richtig ist aber, daß die Studenten und Assistenten die Veräußerlichung der Humboldtschen Freiheit notorisch gemacht haben. Ihr überwältigender

Erfolg erklärt sich vor allem daraus, daß sie sich für ihre Mitbestimmungsforderungen auf die Ideologie der Professoren berufen und deren Privilegien gegen sie selbst gekehrt haben. Daß Humboldt diese äußerliche Mitbestimmungsfreiheit ausdrücklich nicht gemeint hat, verschlägt dabei nicht. Für jemanden, der sich nur noch darüber wundert, daß Sokrates schon so lange tot und immer noch nicht vergessen ist, für den ist Humboldts Einsicht, daß jede äußere Form für das Geistige Zwangscharakter hat, nur eine bornierte Trennung von Theorie und Praxis. Die Einheit von Theorie und Praxis der akademischen Freiheit sind heute Drittelparität und Gruppenuniversität.

Die Verwandlung der selbstbewußten Freiheit in Freiheitssymbole und deren Verallgemeinerung und Kollektivierung hat, die individuelle Souveränität und damit die wesentliche Voraussetzung für die einzige organisatorische Konsequenz der Humboldtschen Hochschulreform, die Lernfreiheit, aufgehoben. Was früher als Chance und Möglichkeit galt, wird heute als Last empfunden, als Ungleichheit und Ungerechtigkeit. Wer erst noch zu „verantwortlichem Handeln ... befähigt" werden muß, wie es in § 7 des Hochschulrahmengesetzes heißt, der mutet sich nicht zu und dem ist nicht zuzumuten, daß er sich seinen Studienplan selbst zusammenstellt, sich die wissenschaftliche Literatur selbst auswählt, seinen Lehrer selbst kritisiert, sich selbst auf die Staatsprüfung vorbereitet und vor allem, daß er selbst Kontakte sucht und pflegt, wenn er mit sich nichts anzufangen weiß und seine Einsamkeit nicht erträgt. Das heißt: Weil die sokratische Freiheit nicht mehr als Norm gilt, ist Lernfreiheit nicht mehr möglich, und weil Lernfreiheit nicht mehr möglich ist, ist Studienreform erforderlich, und weil Studienreform aus diesen Gründen erforderlich ist, wird sie auf das Gegenteil von Lernfreiheit hinauslaufen: auf Verschulung.

Gesellschaftliche Relevanz

Unter dem Aspekt des Gemeinwohls brauchte man sich freilich wegen der Verschulung des akademischen Unterrichts nicht zu beunruhigen, wenn die deutschen Universitäten immer nur Spezialisten ausgebildet hätten. Für die Spezialistenausbildung ist ein streng disziplinierter Unterricht wahrscheinlich effektiver als akademische Freiheit. Die deutsche Universität hat aber nicht nur Spezialisten ausgebildet. Man hat richtig beobachtet, daß vom Anfang des 19. Jahrhunderts an immer weniger die Geburt und immer mehr die Ausbildung den Zugang zur politischen Führungsschicht eröffnete. Damit wurde das akademische Studium für den Studenten eine Chance, besonderen politischen Einfluß zu gewinnen, für das Gemeinwesen eine Frage der Rekrutierung von Politikern und für die Universitäten ein Mittel, sich Reputation zu verschaffen.
Politischer Einfluß ist jedoch nicht kostenlos zu haben, besonders wenn eine etablierte Führungsschicht abgelöst werden soll. Man muß wirklich etwas bieten, und man muß den Eindruck erwecken, als ob man etwas Besonderes leiste. Beides erreichten die Akademiker im 19. Jahrhundert, und zu beidem verhalf ihnen die Universität.
Die Akademiker leisteten wirklich etwas, aber nicht, weil der Universitätsunterricht besonders zweckmäßig oder gut oder anspruchsvoll war. Das Gerücht, das Anspruchsniveau des akademischen Unterrichts habe sich am wissenschaftlichen Nachwuchs orientiert, ist falsch. Einmal konnten die Universitäten gar nicht über den wissenschaftlichen Nachwuchs im heutigen Sinne verfügen, und zum anderen braucht man nur in einer

beliebigen Dissertation oder Habilitationsschrift des 19. Jahrhunderts zu blättern, um zu sehen, welche Qualitätsansprüche man damals stellte. Nein, die Akademiker leisteten etwas, weil die Universität ihr Arbeitsethos prägte. „Wenn ich nicht bis ein Uhr arbeite, kann ich auch nicht Professor sein", soll Max Weber seiner Frau geantwortet haben, als sie ihn bat, sich mehr Schlaf zu gönnen.

Die deutschen Akademiker erweckten auch den Eindruck, etwas Besonderes zu leisten. „Die freiwillige Verzichtsleistung auf die sozial anerkannten Normalbedürfnisse einer Gesellschaft", schreibt Helmut Schelsky, „ist zu allen Zeiten das eigentliche Signum der geistigen Autorität und der Ausweis des höheren menschlichen Ranges gewesen." Und genau diese Verzichtleistung suggerierte die akademische Ideologie von Einsamkeit und Freiheit. Denn was heißt „Einsamkeit und Freiheit"? Doch Verzicht auf Geselligkeit, Gemeinschaftlichkeit, Normalität, Verzicht auf feste Regeln mit all seinen beängstigenden Folgen, wie sie die Orientierungspunkte '78 mitleiderregend betonen: „deutliche Tendenzen zu persönlicher, gesellschaftlicher und fachlicher Desorientierung der Studenten", Überforderungsklagen, Entfremdungserscheinungen und Verständigungsprobleme. Hinzu kamen im 19. Jahrhundert freiwillige Armut oder die erniedrigende Abhängigkeit von den Eltern oder irgendeinem Mäzen. Natürlich stimmte dieses bedrückende Bild damals wie heute nicht. Aber darauf kam und kommt es nicht an. Den Akademikern verschaffte es jedenfalls die Autorität, auf die sie ihren Einfluß stützen konnten. Ideologie rechtfertigt ja nicht, weil sie stimmt, sondern weil sie zu stimmen scheint. Dieser Schein ist durch die Wirklichkeit prinzipiell nicht zu widerlegen. Deshalb desavouierte die alte Burschenherrlichkeit weder das akademische Arbeitsethos noch die Askese von „Einsamkeit und Freiheit". Aber der Schein kann aufgegeben werden. Deshalb mußte die rechtfertigende Kraft des akademischen Arbeitsethos und der akademischen Herrschaftsideologie nachlassen, als die Universitätsangehörigen begannen, die sokratische Freiheit als gesellschaftliche mißzuverstehen, und als die Universität begann, auf ihre Rechte zu pochen. Daraus ergeben sich vor allem drei Konsequenzen.

Die erste Konsequenz ist, daß die akademischen Privilegien abgebaut werden. Die anarcholiberale Organisation der Studien und die autonome Setzung ihrer Inhalte waren ja nicht nur eine Last für den Studenten, sondern auch ein Privileg, das in offenem Widerspruch zur bürokratischen Regel- und Rechenhaftigkeit der bürgerlichen Arbeit stand. Ein Prokurist und ein Mechaniker, die beide pünktlich zur Arbeit erscheinen müssen, haben für die Behauptung eines Studenten, er sei vor zehn Uhr morgens nicht arbeitsfähig, nur eine Erklärung: Der säuft jeden Abend. Ein Privileg, das auf solches Unverständnis stößt, zerfällt natürlich sofort, wenn die Ideologien, die es tragen, ihre rechtfertigende Kraft verlieren.

Die zweite Konsequenz ist, daß der fachliche Standard des Universitätsunterrichts sinkt. Zwar dürfte der Standard des Universitätsunterrichts nie so hoch gewesen sein, wie er in der Öffentlichkeit erschien, aber der schöne Schein hob ihn auch in der Praxis erheblich vom bloßen Pauken ab. Dieser schöne Schein ist zerstört worden. Die Orientierungspunkte '78 fordern in Übereinstimmung mit einer weitverbreiteten Meinung auch in den Universitäten, daß sich der fachliche Standard des akademischen Unterrichts am durchschnittlichen, berufsorientierten Studenten ausrichten soll. Da es für alle Universitätslehrer ein mühseliges Geschäft ist, ihren Unterricht dem neuesten Stand der wissenschaftlichen Diskussion anzupassen, werden sich viele den neuen Maßstab nicht zweimal nennen lassen. Denn natürlich ist es unvergleichlich viel leichter, die fachlichen Kenntnisse von Studenten zu überbieten, als den Stand der fachwissenschaftlichen Diskussion zu erreichen.

Die dritte Konsequenz ist: Die Universität wird die führende Schicht nicht mehr ausbilden, auch wenn das nicht ausdrücklich dekretiert wird. Das heißt nicht, daß die Angehörigen der Führungsschicht nicht mehr die Hochschule besuchen müssen. Natürlich müssen sie das, aber nur so, wie sie auch die Grundschule besuchen müssen. Die akademische Ausbildung allein wird also den Zugang zur Führungsschicht nicht mehr öffnen. Einmal gewährleistet sie nicht mehr eine hinreichende Sozialisation der Ausgebildeten, und zum anderen liest sie ihre Absolventen nicht mehr unter dem Aspekt von Führungsqualitäten aus.

Wenn aber die akademische Ausbildung nicht mehr die politisch führende Schicht tragen kann, drängt sich die Frage auf: Wer liest dann die politischen Führer aus? Die Antwort „Das Volk in Wahlen" wäre ein Mißverständnis. Die meisten Angehörigen der Führungsschicht werden nicht unmittelbar vom Volk gewählt, beispielsweise nicht Richter, Ministerialdirektoren, Bischöfe und Schriftsteller.

Gescheiterte Hilfsassistenten

Die große Hoffnung des Wissenschaftsrates ist der sogenannte quartäre Bereich, das heißt die weiterführende Ausbildung nach dem berufsqualifizierenden Abschluß. Deshalb predigen die Vorsitzenden des Wissenschaftsrates landauf, landab die Notwendigkeit, das Studienangebot und die Studienabschlüsse zu differenzieren. Nach meiner Meinung kämpft der

Wissenschaftsrat nicht nur gegen Windmühlenflügel, weil sich Studiengänge und Studienabschlüsse unaufhaltsam angleichen, er liegt auch theoretisch schief.
Theoretisch hängen Ausbildung und Auslese nicht nur vom guten Willen der Professoren ab – den man übrigens nicht einfach unterstellen kann –, sondern auch von der Anerkennung durch die Gesellschaft. Die Anerkennung durch die Gesellschaft hängt aber ihrerseits nicht unmittelbar von der Qualität der Ausbildung und der Sorgfalt der Auslese ab, sondern von Ansehen und Ruf der selegierenden Institution. Wäre es anders, brauchte man keine Zeugnisse. Um Ansehen und Ruf der Universitäten steht es indessen nicht gut, weniger wegen der randalierenden Studenten, mehr wegen des gesunkenen Selbstbewußtseins der Universitäten. Das gesunkene Selbstbewußtsein ist nun eine Folge der Aufgabe der sokratischen Freiheit, mit der zugleich politischer Einfluß und wissenschaftliches Niveau aufgegeben wurden. Wenn aber das Ansehen der Universitäten insgesamt verwelkt ist, kann man es nicht für den quartären Bereich wieder beleben, so wenig, wie man aus derselben Leitung gleichzeitig warmes und kaltes Wasser zapfen kann. Die Absolventen des quartären Bereichs werden überalterte und gescheiterte Hilfsassistenten sein, sonst nichts.
In diesem Zusammenhang wird freilich immer wieder behauptet, in den USA ginge es doch auch. Indessen zeigen schon der Universitätspräsident und der Assistenzprofessor – beides US-Importe –, daß bei uns noch lange nicht geht, was in den USA geht. Aber vielleicht ließen sich auch bei uns Studiengänge und -abschlüsse so stark differenzieren wie in den USA. Nur müßte die Bundesrepublik dann den Hochschulen gleiche oder ähnliche institutionelle Möglichkeiten bieten wie die USA, beispielsweise auf die zentrale Vergabe von Studienplätzen verzichten und den Hoch-

schulen die Selektion der Studienbewerber überlassen. Sie müßte die Universitäten unterschiedlich ausstatten und Umfang und Qualität der Ausstattung von der Zahl der Bewerbungen und Zulassungen abhängig machen. Und sie müßte so etwas wie Studiengebühren wieder einführen. Wer aber will das hierzulande? Nicht einmal der Wissenschaftsrat.

Zu sagen, wer das Führungspersonal auslesen wird, wenn nicht die Universitäten, ist einfach. Die großen, politisch relevanten Organisationen werden es tun: die Parteien – beispielsweise über ihre Stiftungen –, die Kirchen, die Verbände, die Gewerkschaften und die großen Unternehmen.

Ohne klare – auch parteipolitische – Stellungnahme wird man deshalb in absehbarer Zeit nur noch bei außergewöhnlich guter fachlicher Leistung Karriere machen können.

Entwissenschaftlichung des Studiums

Daß Hochschulen und Gesellschaft auf Studienreform drängen, beruht also letztlich darauf, daß die Universitäten die sokratische Freiheit aufgegeben haben. Die akademische Freiheit hat sich zur bloß institutionellen Freiheit von Kollektiven veräußerlicht. Das „Grundrecht der deutschen Universität" mußte zur Gruppenuniversität führen. Für die Studienreform folgt daraus:

1. Die Studienreformkommissionen kann man vergessen. Sie haben nur Alibi- und Notarfunktionen.

2. Die Studienreform wird sich zunächst auf die Einführung von Regelstudienzeiten beschränken. Eine andere Möglichkeit, der veräußerlichten Lernfreiheit Herr zu werden, sehe ich nicht. Die Berufung auf die Natur der Sache, die zu studieren ist, rechtfertigt immer nur weitere Studien. Die Regelstudienzeiten werden das

Bewußtsein für die Knappheit an Zeit schärfen, dadurch den Rechtfertigungsdruck bei der Themenwahl erhöhen und auf diese Weise mittelbar für eine Entrümpelung der Studiengänge sorgen.

3. Wegen des Überangebotes an Hochschulabsolventen wird sich die Aufgabe der Auslese von der Universität auf die Abnehmer von Hochschulabsolventen verlagern. Außerdem werden sich die Prüfungen so stark objektivieren, daß sie auch ohne Verbürgung durch eine individuelle Lehrautorität Vertrauenskredit verschaffen. Beides wird es dem Staat ermöglichen, über detaillierte Prüfungsordnungen den Lehr- und Lernstoff im wesentlichen vorzugeben. Ein Lehrprogramm gegen die inhaltlichen Forderungen einer Prüfungsordnung durchzuhalten, ist ausgeschlossen. Der akademische Unterricht wird mithin weitgehend verschulen.

4. Mit der Verschulung wird auch die akademische Lehre verflachen. Der allseits geforderte Praxisbezug des Studiums wird die Verflachung vollenden. Praxis heißt: unübersichtliche Verhältnisse vereinfachen. Sinn der wissenschaftlichen Ausbildung ist es aber nicht, vereinfachte Verhältnisse vorzustellen, sondern das Bewußtsein für die Komplexität der Verhältnisse zu schärfen.

Gemessen an überlieferten Vorstellungen von akademischer Freiheit bietet die Studienreform also trübe Perspektiven. Aber wir müssen umlernen. Die Entwicklung zur Studienreform ist nicht umkehrbar, solange wir uns in der Hängematte der sozialen Sicherung wiegen und glauben, erst wenn all unseren Ansprüchen Genüge getan und Freiheit ohne Restrisiko garantiert sei, könne sich der Geist entfalten. Bis dahin ist er jedoch längst vertrocknet. Schon die institutionelle Gewährleistung der akademischen Freiheit verdunkelt die sokratische Freiheit. Erst wenn die sokratische Freiheit zurückgewonnen ist, wird Lernfreiheit wieder möglich sein.

TEXTE + THESEN

GESAMTVERZEICHNIS

1 Otto B. Roegele, Die Zukunft der Massenmedien (vergriffen)

2 Erwin K. Scheuch, Haschisch und LSD als Modedrogen (vergriffen)

3 Golo Mann, Von Weimar nach Bonn. 50 Jahre deutsche Republik (vergriffen)

4 H.-J. Wasserburger, Wieviel Tier ist der Mensch? (vergriffen)

5 Rolf Geyer, Entspannung · Neutralität · Sicherheit

6 Anton Böhm, Ost – West. Konfrontation oder Koexistenz?

7/8 Gerd Krämer, Wie fern ist uns Olympia?

9 Herwig Gückelhorn, Inflation – Schicksal oder Schuld?

10 Otto Gritschneder, Ehescheidung in der Reform

11 Karl-Theodor Frhr. zu Guttenberg, Die neue Ostpolitik. Wege und Irrwege

12 Eduard Verhülsdonk, Logenplatz im Universum. Eine kosmische Standortbestimmung

13 Helmut Schoeck, Ist Leistung unanständig?

14 Hans Ludwig Zankl, Image und Wirklichkeit

15 Helmut Kohl, Hausputz hinter den Fassaden

16 Anton Böhm, Die Lage der Nation – moralisch

17 Nicolaus von Grote, Stimmen aus dem sowjetischen Untergrund

18 Pascual Jordan, Wie frei sind wir? Naturgesetz und Zufall

19 Heinz Heckhausen, Begabungsentfaltung für jeden

20 Fritz Neef, Industriegesellschaft ohne Unternehmen?

21 Harald Steinert, Unser Planet Wasser. Schatzkammer der Menschheit?

22 Hans Maier, Zwischenrufe zur Bildungspolitik

23 Otto B. Roegele, Hrsg., Kleine Anatomie politischer Schlagworte

24 Hans Georg Wunderlich, Mensch und Erde. Gefahr und Chance der Evolution

25 Helmut Swoboda, hat die Zukunft eine Zukunft? Vom Wachstum in einer endlichen Welt

26 Winfried Schlaffke, Akademisches Proletariat?

27 Joseph Meurers, Wissen nährt Nichtwissen. Naturforschung heute

28 Helene Schreiber, Kommt der Realismus wieder? Zur Kunst der Gegenwart

29 Horst Wetterling,
Ist Autorität
unmenschlich? (vergriffen)

30 Helmut Schelsky,
Friede auf Zeit.
Die Zukunft der
olympischen Spiele

31 Peter Dittmar, Gelbe
Gefahr – Rote Gefahr?
China zwischen Buchweisheit und Klassenkampf

32 Wolfgang Kuhn,
Biologischer Materialismus.
Der Mensch ist
keine Maschine

33 Heinz Beckmann,
Hat das Theater
ausgespielt?

34 Hugo Andreae,
Berufsbildung –
Bildung der Beherrschten?

35 S. v. Malewsky-Malewitsch,
Auf Marx wird
Rabatt gegeben.
Sowjetalltag bei Licht
besehen

36 Hans Maier,
Die Grundrechte
des Menschen im
modernen Staat

37 Helmut Schoeck,
Umverteilung als
Klassenkampf. Zur Politik
und Psychologie
der Vermögensbildung

38 Klaus Hoff, Wie modern
ist konservativ heute?

39 Hans J. Fahr,
Raumzeitdenken –
Zwangsvorstellung
Unendlichkeit

40 Otto B. Roegele,
Medienpolitik – und
wie man sie macht

41 Rudolf Rohlinger,
Die überschätzte Kamera.
Fernsehen – nahbesehen

42 Peter Coulmas,
Radio ohne Zukunft?
Wiederkehr und Wandel
eines Mediums

43 Otto B. Roegele, Hrsg.,
Das dritte Alter.
Abgeschrieben oder
aufgewertet?

44 Josef Hitpass,
Radikale Minderheit –
Schweigende Mehrheit.
Zur Verhaltensgestalt der
studentischen Jugend

45 Heinz Pentzlin,
Die Kinder
des Wohlstands.
Herausforderung der
Jugend?

46 Horst Jürgen Helle,
Familie – Zwischen Bibel
und Kinsey-Report

47 Lothar Bossle,
Das Gewissen
in der Politik

48 Thomas Nipperdey,
Konflikt – Einzige Wahrheit der Gesellschaft?
(vergriffen)

49 Heinz-Dietrich Ortlieb,
Vom Volkskapitalismus
zur Playboy-Demokratie

50 Hans Schaffner,
Die Multinationalen –
Ausbeuter oder Triebkraft
der Weltwirtschaft?

51 Erwin K. Scheuch,
Kulturintelligenz als
Machtfaktor. Intellektuelle
zwischen Geist und Politik

52 Wolfgang Längsfeld,
Ästhetik im Alltag.
Über die sinnliche Qualität
der Dinge

53 Botho Kirsch,
Kalter Friede – was nun?
Die Konfliktstrategie der
Sowjets

54 Bahro/Becker/Hitpass, Abschied vom Abitur? Hochschulzugang zwischen Numerus clausus und Massenbildung

55 Erich Gysling, Magnetfeld der Ungleichen: Amerika – Europa

56 Werner Betz, Aufs Maul geschaut. Deutsch – wie es wurde und wirkt

57 Theo M. Loch, Interdependenzen. Wer hängt von wem ab?

58 Hans Speier, Witz und Politik. Essay über die Macht und das Lachen

59 Joachim Illies, Nicht Tier, nicht Engel. Der Mensch zwischen Natur und Kultur

60 Kurt Reumann, Blick ins Innere: Berichte von der akademischen Front

61 Friedr. Graf v. Westphalen, Wird die Justiz unterwandert? Der Ruf nach dem politischen Richter

62 Guido Fischer, Der Betrieb: Institution menschlicher Ordnung

63 Hermann Boventer, Gebt uns die totale Schule. Pädagogik als Allmachtstraum

64 Franz Aschinger, Welt ohne Geldsystem? Die internationale Währungs- und Finanzlage

65 Michael Braunfels, Die Krankheit der verwalteten Musik

66 Werner Betz, Sprachkritik – Das Wort zwischen Kommunikation und Manipulation

67 Joachim Illies, Adolf Portmann, Jean Gebser, Johann Bachofen. Drei Kulturforscher – Drei Bilder vom Menschen

68 Hermann Lübbe, Unsere stille Kulturrevolution

69 Hans Maier, Hrsg., Denkmalschutz. Internationale Probleme – Nationale Projekte

70 Hanno Helbling, Dauerhaftes Provisorium – Kirche aus der Sicht eines Weltchristen

71 Otto Gritschneder, Für Seelenschmerz bezahlen . . . Aufsehenerregende Gerichtsfälle

72 Willi Schickling, Rückwärts mit dem Fortschritt: Wieviel Experimente verträgt die Wirtschaft?

73 Pascual Jordan, Aufbruch zur Vernunft. Ein Naturforscher zur deutschen Besinnung

74 Heinz-Dietrich Ortlieb, Was wird aus Afrika? Rassismus · Neokolonialismus Entwicklungshilfe

75 Max Müller, Sinn-Deutungen der Geschichte. Drei philosophische Betrachtungen zur Situation

76 Alfons Rosenberg, W. A. Mozart – Der verborgene Abgrund

77 N. Lobkowicz/A. Hertz, Am Ende aller Religion? Ein Streitgespräch

78 W. Kerber, Hrsg., Wohlstands-Kriminalität. Die neue Herausforderung

79 Dalma, Rovan, Vermehren, Razumovsky, Ramseier, Euro-Kommunismus

80 Hans Maier, Sprache und Politik. Essay über aktuelle Tendenzen – Briefdialog mit Heinrich Böll

81 Christa Meves, Antrieb – Charakter – Erziehung. Werden wir ein Volk von Neurotikern?

82 O. B. Roegele/ H. Beckmann, Warum unsere Kirchen leerer werden . . .

83 Gerhard Wettig, Der Kampf um die freie Nachricht

84 Hermann Lübbe, Wissenschaftspolitik. Planung · Politisierung · Relevanz

85 Heinz Pentzlin, Arbeitslos – Los der Zukunft? Wie Vollbeschäftigung zu sichern ist

86 A. Hegelheimer/M. Zöller Wider die kranke Reform: Ordnungspolitik für Bildungswesen und Arbeitsmarkt

87 Gerhard Schult, Fernsehprogramme – Programmiertes Fernsehen? Ermittelt am Beispiel: Regionalprogramme

88 Joachim Illies, Der Mensch in der Schöpfung. Ein Naturwissenschaftler liest die Bibel.

89 Peter Opitz, Chinas Außenpolitik. Ideologische Prinzipien – strategische Konzepte

90 Heinz Maier-Leibnitz, An der Grenze zum Neuen. Rollenverteilung zwischen Forschern und Politikern in der Gesellschaft

91 Dominik Jost, Die Wirklichkeit des Dichters

92 Willy Zeller, Die unvollendete Union. Qualitätsmängel der Europäischen Gemeinschaft

93 Heinrich Oberreuter, Kann der Parlamentarismus überleben?

94 Hanno Helbling, Hrsg., Religionsfreiheit im 20. Jahrhundert

95 F. G. Friedmann, Carters Amerika. Kultur – Religion – Politik

96 Hatto Schmitt, Vademecum für empörte Eltern. Absurdes aus der Schulpolitik

97 Werner Betz, Verändert Sprache die Welt? Semantik, Politik und Manipulation

98 Rudolf Ströbinger, Anatomie eines Staatsstreichs. Wege zur neuen Weltrevolution

99 O. B. Roegele, Was wird aus dem gedruckten Wort? Vom Lesen als Bürgerpflicht

100 TEXTE + THESEN + SOTTISEN, Jubiläumsausgabe

101 Nikolaus Lobkowicz, Marxismus und Machtergreifung. Der kommunistische Weg zur Herrschaft

102 Elisabeth Noelle-Neumann,
Werden wir alle Proletarier?
Wertewandel in unserer
Gesellschaft

103 Friedrich Karl Fromme,
Der Parlamentarier –
ein Freier Beruf?
Gemeinwohl · Bindung ·
Unabhängigkeit

104 Horst Wetterling,
Die Schule als Lernfabrik.
Wie unsere Kinder
abgerichtet werden

105 Heinz-Dietrich Ortlieb,
Vom totalitären Staat
zum totalen Egoismus.
Anarchistische Schatten
deutscher Vergangenheit

106 Gertrud Höhler,
Gesinnungskonkurrenz der
Intellektuellen

107 Otto Schulmeister,
Die erschöpfte Revolution.
Von der politischen Utopie
zum Leerlauf der Zeit

108 Geiger/Mai/Burghart,
Der öffentlich-rechtliche
Rundfunk.
Zwischen Staat, Parteien
und Interessen

109 Klaus Emmerich,
Ist Nord-Süd-Entspannung
möglich?
Eine neue Politik
für eine neue Front

110 Theodor Wilhelm,
Staatsschulen –
Staatsbeamte.
Erlaubt das System
pädagogische Freiheit?

111 Stefan Kisielewski,
Polen – oder die Herrschaft
der Dilettanten.
Sozialismus und
Wirtschaftspraxis

112 Wolfgang Höpker,
Aktionsfeld Pazifik
Politik, Wirtschaft, Strategie

113 Christian Starck,
Vom Grund
des Grundgesetzes

114 Veen, Meissner, Domes,
Kux, Mertes,
Wandel im Kommunismus?

115 Wolfgang Spann,
Justitia und die Ärzte
Leben, Gesundheit
und Gesetz

116 Ursula Lehr,
Ist Frauenarbeit schädlich?
Im Spannungsfeld von
Familie und Beruf

117 Karl Schmitz-Moormann,
Menschenwürde –
Anspruch und Wirklichkeit

118 Gerd Roellecke,
Wird das Falsche
falsch studiert?
Vom Hintersinn
der Studienreform

119 Otto Heuschele,
Gespräche zwischen
den Generationen

120 Theodor Wilhelm,
Sittliche Erziehung durch
politische Bildung.
Über die Lernbarkeit
von Moral

121 Joachim Illies,
Schöpfung oder Evolution.
Ein Naturwissenschaftler
zur Menschwerdung

Die Reihe wird fortgesetzt. Fordern Sie Sonderprospekte an:

Edition Interfrom · Zürich
Vertrieb für die Bundesrepublik Deutschland:
Verlag A. Fromm · Osnabrück